型紙なしで初めてでも簡単！

かわいい手づくり子ども服

Baby&Kids Handmade

マイナビ

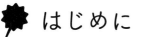 はじめに

「自分で作った服を我が子に着てほしい」
そんな想いから、妊娠をきっかけに子ども服を作りはじめました。

私のように、妊娠や出産をきっかけに服作りに
挑戦しようとされる方は少なくないと思います。

洋服作りって何だか難しそうでハードルが高い……。
そんな方にも気軽に服作りに挑戦してほしいという想いから
実現した、『型紙なしで作れる服』の本。

型紙が必要なく、縫い代付けもありません。

本書では、YouTube で人気の型紙なしで作れる子ども服や小物などを
イラストと文章で分かりやすく解説しています。

さらに動画で詳しい作り方も見ることができますので、
本書と併用して使っていただければと思います。

きっと初心者の方にも分かりやすく、1枚の布から洋服ができ上がる
喜びを感じていただけるでしょう。

難しいことは考えずに、気軽に楽しく作っていただければ嬉しいです。

自分で作った服を我が子に着てもらう喜びは、
何ものにも代えがたいもの。

お子さん、お孫さんのための『特別な一着』の
お手伝いができますように……。

Baby&Kids Handmade

もくじ

シャーリングキャミソール

作り方 ▷ p.40

まっすぐ縫うだけの、簡単なキャミ
ソール。肩紐で丈を調整できるのも魅
力です。丈を長くすれば、ベアワンピー
スにもできます。

ふわふわリボン
作り方 ▷ p.115

サルエルパンツ

ぷっくりとしたお尻がかわいいひざ丈
のパンツです。作り方もシンプルなの
で、裾のゴムなしや大き目サイズなど、
アレンジを楽しんでください。

コップ入れ巾着袋 & 封筒型のお弁当袋

作り方 ▷ p.44、46

入り口がフリルになっている、マグサ
イズも入るコップ袋。横入れタイプ
のお弁当袋は、フォークやスプーンの
セットも入るゆったりサイズです。

フリル付きショートパンツ

作り方 ▷ p.49

ウエストにも外側にもたっぷりとフリ
ルが付いたショートパンツ。フリルを
付けなければ、そのままショートパン
ツとしても着用できます。

裏地付きフリル袖ワンピース

作り方 ▷ p.53

身頃に裏地が付いているので、バイア
ステープの処理が必要ありません。袖
を付けなければノースリーブワンピー
スにアレンジできます。

ハーフパンツ

N

作り方◯ページ

少ない生地で作れる、ポケット付きの
ハーフパンツ。パンツとポケットの生地
を変えたり、ウエストにボタンやリボン
を付けるなどのアレンジも楽しんで。

13

キュロットスカート

作り方 ▷ p.63

ボリュームがあり、スカートのような
デザインです。ふんわりとしたシル
エットと短めの丈が、女の子らしさを
引き立ててくれます。

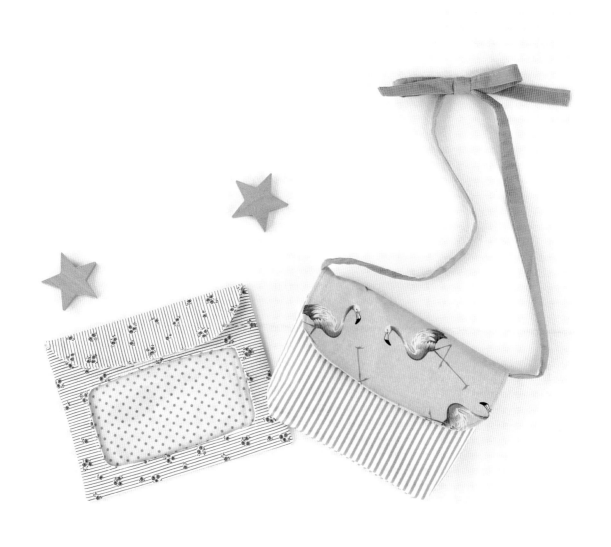

透明で中が見える連絡袋 & ポシェット

作り方 ▷ p65、69

クリアケースを入れた窓付き連絡袋
は、母子手帳などの管理にも便利。ポ
シェットは紐がリボンなので、長さの
調節も自由自在です。

ニット生地長ズボン

作り方 ▷ p.72

スタイリッシュでありながら伸縮性の
ある生地なので、細身でも動きやすい
ズボンです。大人のスウェットパンツ
をリメイクすることも可能。

ポケット付きタックスカート

作り方 ▷ p.75

タックが付いたふんわりとしたスカートです。スカートとポケットの生地を変えたり、丈を長めにしたりしてアレンジを楽しんでください。

クロスヘアバンド
作り方 ▷ p.113

Aラインワンピース

作り方 ▷ p.79

Aラインのシルエットがほんのり大
人っぽいワンピース。シンプルでゆっ
たりとしているので、下にレギンスや
タイツを合わせても素敵です。

ボンネット

作り方 ▷ p.83

耳まですっぽりと隠れるボンネット
は、内側にボアなどを使えば寒い時期
にぴったり。薄い生地に変えれば春夏
の日よけとしても便利です。

ブランケットから作るスリーパー

作り方 ▷ p.85

すっぽりと体を包んでくれる、冬の部
屋着に欠かせないスリーパーです。ブ
ランケット1枚でできるので、ぜひ
作ってみてください。

もこもこズボン

作り方 ▷ p.87

こちらも既製のブランケットから作れ
ます。タイツやズボンの上からでも履
けるゆったりサイズなので、寒い日に
欠かせないアイテムです。

ノースリーブブラウス

作り方 ▷ p.89

少ない生地で作れる、ややＡラインの
ブラウスです。かぼちゃパンツとセッ
トアップにしたり、フリル袖を付けるな
ど、いろいろなアレンジを楽しめます。

チュールスカート

作り方 ▷ p.92

チュールを2枚重ねたふわふわスカー
トです。トップスインで着用してもか
わいいので、お気に入りのコーディ
ネートを見付けてください。

かぼちゃパンツ

作り方 ▷ p.96

ふんわりとしたシルエットでありながらすっきりとしたデザインなので、男の子も履きこなせます。裾布を変えて個性を出すのもおすすめ。

ノースリーブワンピース

作り方 ▷ p.99

ギャザーのボリュームやスカートの丈
を調節すれば、よそ行きやカジュアル
など、さまざよシーンに対応できるお
しゃれなワンピースです。

スモック

作り方 ▷ p.103

ゆったりとしたサイズ感で服の上から
も着やすいデザインです。大きめのポ
ケットが2つ付いているので、遊びの
場で大活躍してくれます。

親子おそろいエプロン

作り方 ▷ p.109

首も腰もゴムなので、かぶるだけで着
脱が簡単なエプロン。作り方は大人用
も同じなので、親子で生地選びから楽
しんで、おそろいで作ってください。

余った生地で作りたい
簡単かわいいヘアアクセサリー

ワンピースやスカートを作ったあとの余った生地で、手軽に作れる小物をご紹介。
お気に入りの生地で、洋服とお揃いのアクセサリーを作ってみてください。

クロスヘアバンド

作り方▷ p.113

ひらひらシュシュ

作り方▷ p.117

ふわふわリボン

作り方▷ p.115

本書について

○ 本書では、80-90cm、90-100cm、100-110cm の 3 サイズを中心に紹介しています（一部、2 サイズのみの作品もあります）。

○ すべての作品は、採寸後直接生地に書き込んで作ることができます。型紙は不要です。

○ 図の数字の単位はすべて「cm」です。

○ 図の数字の単位はすべて縫い代込みの長さです。

○ 図の〈ウラ〉は生地の裏面が見えている状態です。薄く色が敷いてある面は表面を示しています。

○ 本書に出てくるバイアステープは両折れのテープです。

○ 完成サイズはすべて目安です。

○ 縫い代は 1 cm、きわの縫い幅は 0.2cm の設定です。それ以外の場合のみ図に記入しています。

○ 生地の固定はマチ針を前提としていますが、厚さなどの都合でクリップを推奨する場合のみ、「クリップなどで固定」と表記しています。

○ 生地を重ねて採寸・裁断する際は、中表で行ってください。

○ 粗ミシンの縫い目はお持ちのミシンの一番粗い設定で構いませんが、0.3-0.4cm を目安としています。

はじめる前に知っておきたい基本のこと

洋服を作るために必要な道具や知識をご紹介。
正しい基礎知識を身に付けておくだけで、仕上がりに大きく違いが出ます。
生地や道具選びの参考になるので、ぜひ知っておきましょう。

生地のこと

洋服を作るにあたって、生地選びはとても大切なポイントです。
生地の基本を知り、美しく丈夫な仕上がりの参考にしてください。

○布目（地の目）

生地には、ヨコ糸とタテ糸の折り目（布目）があります。種類はヨコ地、タテ地、バイアス地の3種類。ヨコ地＝W、タテ地＝Hと解釈して、採寸時に役立ててください。

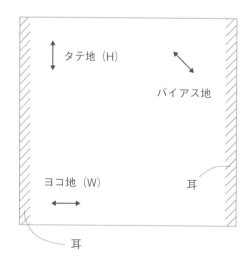

ヨコ地とは
ヨコ糸の方向のことで、耳と直角になっています。やや伸びるのが特徴です。

タテ地とは
タテ糸の方向のことで、耳と並行になっています。ヨコ糸に比べて伸びないのが特徴です。

バイアス地とは
斜めの方向のことで、タテ地とヨコ地の交点から45°の角度が「正バイアス」です。よく伸びるのでバイアステープなどに使用します。

○水通しと地直し

縫いはじめる前にひと手間かけて、生地の準備をしましょう。水通しと地直しをすることで、布目のゆがみを整えられます。洋服や小物をよりきれいに仕上げるために、ぜひ行ってください。

水通し

①裁断前、たっぷりの水に1時間程度つける。このとき生地は蛇腹にたたむ。

②軽く絞り、布目が直角になるように整える。生乾きになるまで陰干しする。

地直し

①生乾きの状態で、布目が垂直になるように引っ張りながら整える。

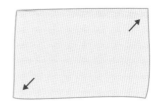

②生乾きの状態のまま、裏面から布目に沿ってアイロンをかける。

水通しが必要な生地：　縮みやすい麻や綿、ガーゼなどと、色落ちが心配な生地など
水通しに向かない生地：シルクや化学繊維、毛足の長いニットなど
地直しが必要な生地：　水通しした生地と、ゆがみやたるみがある生地

○生地の合わせ方

2枚の生地を重ねる説明の際、何度となく出てくる基本の用語です。「中表」は2枚の生地の表面が内側、「外表」は2枚の生地の表面が外側になるように重ねます。

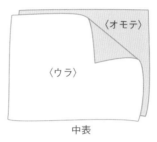

中表

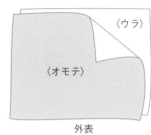

外表

ミシン針と糸のこと

生地を選んだら、相性の良いミシン針と糸を選びましょう。薄い生地には細い針、厚い生地には太い針を選ぶのが基本です。

糸	数字が小さいほど太く、大きいほど細くなる
ミシン針	数字が小さいほど細く、大きいほど太くなる

生地	ミシン針	糸
薄地（サテン、裏地、シフォンなど）	9号	90番
普通地（シーチング、リネン、コットンなど）	11号	60番
厚地（デニム、帆布、タオルなど）	14号	30番
ニット地	ニット用	ニット用

基本の縫い方

洋服や小物を作る際に必要な、基本の縫い方についてご紹介します。

○返し縫い

縫いはじめと縫い終
わりを1－2cm往
復して縫うことです。
本書では特に記載が
ない限り、必ず返し
縫いをします。

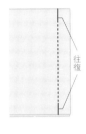

○ジグザグミシンをかける

生地の端がほつれな
いように、ミシンの
ジグザグ縫い機能を
使って始末すること
です。

○仮縫い

本縫いをする前に、生地同士を固定す
るために縫うことです。

○押さえミシンをかける

縫い目を安定させて
補強するために、生
地の折り目のきわを
縫うことです。本書
では特に記載がない
限り、0.2cmを目安
としています。

○落としミシンをかける

縫い代を落ち着かせ
るため、表面から生
地の境い目にかける
ステッチです。縫い
目を目立たせずに強
度を出すときの縫い
方です。

○粗ミシンをかける

ミシンの縫い目の幅
を調節して、通常よ
り粗い縫い目（0.3－
0.4cm）で縫います。
はじめと終わりの返
し縫いはせず、上糸
と下糸を長く残しま
す（この糸は本縫い
をしてから抜くので、
糸調子を弱くしてお
きます）。

○まつり縫い（手縫い）

返し口をとじるとき
などに、生地の表面の
縫い目が目立たない
ように縫うことです。

道具のこと

基本的な道具をそろえましょう。本書は型紙不要なので、必要最低限の
道具で問題ありません。

○基本の道具

・ミシン
　直線縫いとジグザグ縫いができれば、家庭用で十分

・アイロン
　仕上げに形を整えるだけではなく、目を割ったり折り
　目を付けるときの必須アイテム

・定規
　0.5cm の方眼定規が便利。30cm と 50cm 両方あると
　なおよい

・裁ちばさみ
　生地をきちんとカットすることは非常に重要。紙用な
　どは避け、必ず裁ちばさみを用意する

・糸切りばさみ
　糸はもちろん、細かい部分をカットするのに便利

・手縫い針
　仮縫いやまつり縫いで処理する際に必要

・チャコペン
　生地の採寸や、印を付けるためのペン。自然に消える
　タイプがおすすめ

・目打ち
　角をきれいに出したり、縫い目をほどくときに便利。
　プラスナップなど、生地に穴をあける際も役立つ

・紐通し
　紐やゴムを通すときに使う。はさみ式やロングタイプ
　などの種類がある

あると便利な道具

・仮止めクリップ
　マチ針では止めきれない厚い布や、マチ針の穴が残ってし
　まう生地を固定するときに便利

・アイロン定規
　三つ折りなど、一定の寸法で折り目を付ける際、測りなが
　らアイロンをかけられて便利

Q & A

基本的な疑問からテクニックのことまで、よくある質問をまとめてみました。ぜひ参考にしてみてください。

Q 水通しと地直しは必要ですか？

A 服はとくにですが、水通しを怠ると洗濯後に縮んでサイズが変わってしまうことがあります。

水通しをしておけば、生地の縮みはもちろん、色落ちや色移りなども防げます。

ポーチなどの小物についても、後で形が崩れないように地直しをしてから作った方が、長くきれいに使えると思います。

Q 生地を正確に採寸する・きれいにカットするコツはありますか？

A 生地をカットする前にシワをしっかり伸ばして布目を整えておくことが大切です。カットした後で霧吹き＋アイロンをしても、生地によっては縮む場合があるからです。

長めの定規（30cm、50cmくらい）やメジャーを使って正確に長さを測り、布目に合わせてカットしてください。

Q 生地を固定する際、マチ針だけではだめですか？

A ボアや生地が重なって厚くなっている場合は、マチ針で止めるのが難しいと思います。

仮止めクリップがなければ洗濯ばさみなどで代用してください。

生地が厚い場合、糸調子などの調節は必要ですか？

生地が厚い場合の糸調子の調整は必要ないと思いますが、針が折れることが心配であれば、太い針に変えてください。

ボタンループがうまく返せません。代案はありますか？

ボタンループがうまく作れない場合は、細め（2～3㎜）の紐やリボンなどで代用してください。

ミシンは表を見ながらかける場合と、裏の場合とでは効果に違いはありますか？

どちらの面を上にして縫っていただいても良いと思いますが、それぞれメリットがあるので参考にしてください。
《表面を上にして縫うメリット》
表を上にして縫うと生地のヨレなどを確認しながら縫うことができます（襟ぐりのバイアステープや、袖口などを縫うとき）。下糸の縫い目が美しくないミシンもあるので、その場合は表を上にして縫うといいでしょう。
《裏面を上にして縫うメリット》
生地の端を見ながら縫えるので、きわぎりぎりを縫うことができます。

基本のテクニック

両折れバイアステープの作り方

生地の端の処理に使うテープのこと。購入することもできますが、余った生地で簡単に作れるので、好みの柄や色を用意しておきましょう。
【材料】お好みの生地

① 生地を三角になるように半分にカットして、長い方の辺から2.5cmずつ測ってカットする

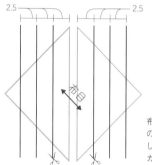

布目に対して斜め45°の角度で半分にカットし、2.5cm幅ですべてカットする

② 布同士をつなげていく

中表で重ね、端と端を合わせて固定する。上端から0.5cm下を縫い、はみ出た部分をカットする

すべてつないだら広げ、縫い目を割ってアイロンをかける

③ 上下0.5cm折ってアイロンをかける

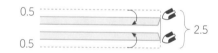

ボタンループの作り方

細めの紐やリボンでも代用できますが、はぎれがあるなら共布で作りましょう。針は毛糸用のとじ針が使いやすく、安全です。 【材料】はぎれ

① はぎれを中表で斜めに折って縫う

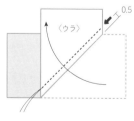

折り目から0.5cm内側を縫う。縫い終わりの糸を長めに残す

② 縫い目のきわをカットする

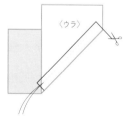

③ 縫い終わりの糸を針に通し、糸を引いて裏返す

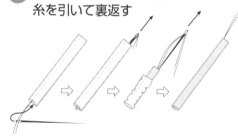

針穴を下に向けてループの中に針を入れ、外表になるように針を引き出す

リボンの作り方

ポシェットやワンピースの肩紐、ボンネットのリボンを共布で作りたいときに便利です。　【材料】共布

1 指定のサイズ幅で生地をカットする

2 アイロンをかけて折り目を作る

外表で横半分に折ってアイロンをかけ、開く

片側の端を1cm折りアイロンをかける

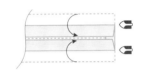

中心の折り目に合わせて上下を折り、アイロンをかける

3 さらに半分に折り、きわを縫う

あらかじめ付けた折り目を折り、アイロンをかける

⒲の反対側のきわを、生地をまとめて縫う

ウェストゴム始末の仕方

太めの幅のゴムは、結ばずにミシンや手縫いで始末する方がきれいに仕上がります。結び目がじゃまにならず、おすすめです。細いゴムの場合でも結ばず縫った方がきれいです。
【材料】1.5～2cm幅のゴム

1 ゴムの端と端を重ねて固定し四角に縫う

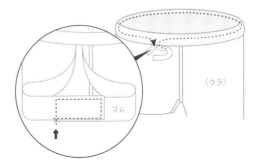

縫い終わったら、ゴム通し口の中にゴムを入れ込む

シャーリングキャミソール

【おすすめの生地】
コットン（シーチング、ブロード、ダブルガーゼなど）
ハーフリネン

【完成サイズ目安】※丈はリボンを含めない
　　　　　　　　　※幅はゴムを通す前に平置きで測定

○80-90cm　　　丈 30.5cm　幅 58cm
○90-100cm　　 丈 34.5cm　幅 64cm
○100-110cm　　丈 38.5cm　幅 70cm

【材料】
○80-90cm（用尺：W65 × H90cm）
　身頃　　W60 × H42cm（2枚）
　リボン　W40 × H 4cm（4枚）
　ゴム　　W48 × H0.5cm（4本）
○90-100cm（用尺：W70 × H100cm）
　身頃　　W66 × H46cm（2枚）
　リボン　W41 × H 4cm（4枚）
　ゴム　　W50 × H0.5cm（4本）
○100-110cm（用尺：W75 × H110cm）
　身頃　　W72 × H50cm（2枚）
　リボン　W42 × H 4cm（4枚）
　ゴム　　W52 × H0.5cm（4本）

〈身頃〉

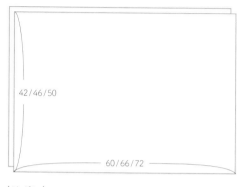

42/46/50

60/66/72

〈リボン〉

40/41/42

4

【縫い方手順】
❶ リボンを4本作る（p.39）
❷ 脇にジグザグミシンをかける
❸ 脇を縫う（片側にゴム通し口をあけて縫う）
❹ 上端を折って縫う
❺ 裾を三つ折りで縫う
❻ リボンを上端に縫い付ける
❼ ゴムを4か所に通して、
　　それぞれ結んで始末する

❶ リボンを4本作る（p.39）

❷ 脇にジグザグミシンをかける

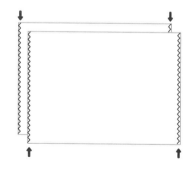

前身頃と後ろ身頃の両脇にジグザグミシン
をかける

❸ 脇を縫う（片側にゴム通し口をあけて縫う）

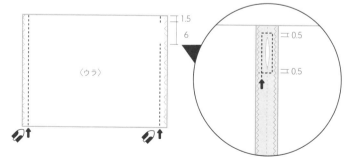

1.5
6
〈ウラ〉
0.5
0.5

前身頃と後ろ身頃を中表で合わせ、片側
の上端から1.5cm下にゴム通し口6cm
を残して縫い代1cmで両脇を縫う。両
脇の縫い目を割ってアイロンをかける

ゴム通し口から上下0.5cmあけ、囲むよ
うに押さえミシンをかける

④ 上端を折って縫う

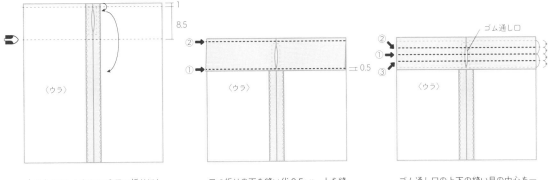

上から1cm＋8.5cmの三つ折りにしてアイロンをかける

三つ折りの下を縫い代0.5cm、上を縫い代1cmで一周縫う

ゴム通し口の上下の縫い目の中心を一周縫い、さらに中心の縫い目と上下の縫い目の中心を一周縫う

⑤ 裾を三つ折りで縫う

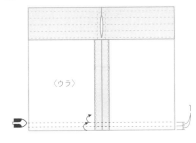

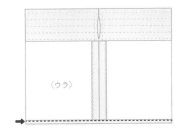

裾を1cm＋1cmの三つ折りにしてアイロンをかける

上の折り目のきわを縫う

⑥ リボンを上端に縫い付ける

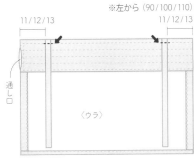

※左から（90/100/110）

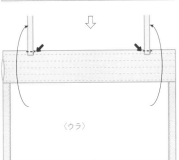

脇が左右にくるようにたたみ、左右からそれぞれのサイズの位置にリボンの切りっぱなし側を合わせて固定する。一番上の縫い目に合わせて縫い付ける

リボンを持ち上げ、きわを縫う。残りの2本も同じように反対側に縫い付ける

⑦ ゴムを4か所に通して、それぞれ結んで始末する

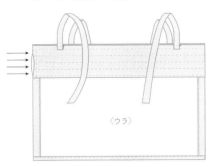

サルエルパンツ

【おすすめの生地】
春夏：コットン（シーチング、ダンガリーなど）、リネン、
　　　ハーフリネンなど
秋冬：薄手コーデュロイ、起毛コットンなど

【完成サイズ目安】※幅はおしり周りを平置きで測定
○80-90cm　　丈 33cm　幅 36cm
○90-100cm　　丈 35cm　幅 40cm
○100-110cm　　丈 37cm　幅 42cm

【材料】
○80-90cm（用尺：W90 × H50cm）
　前パンツ　　W40 × H35cm
　後ろパンツ　W46 × H37cm
○90-100cm（用尺：W100 × H55cm）
　前パンツ　　W44 × H37cm
　後ろパンツ　W51 × H39cm
○100-110cm（用尺：W110 × H60cm）
　前パンツ　　W46 × H39cm
　後ろパンツ　W53 × H41cm

ウエストベルト　W ウエスト一周の長さ＋2cm × H7.5cm
ウエスト用ゴム（1.5cm 幅）
裾用ゴム（0.5cm 幅）

〈ウエストベルト〉

〈前パンツ〉　　　　〈後ろパンツ〉

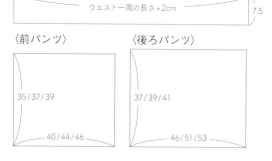

【裁ち方】※ウエストベルト分を残しておく
左から（90／100／110）

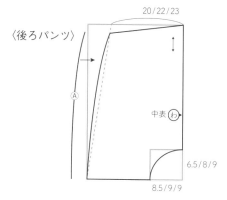

┌─────────────────────────────┐
【縫い方手順】
❶ 脇を縫う
❷ 股下を縫う（ゴム通し口をあけて縫う）
❸ 裾を三つ折りで縫う
❹ ウエストベルトを作る（ゴム通し口をあけて縫う）
❺ ウエストベルトとパンツを縫い合わせる
❻ ウエストベルトと裾にゴムを通す
└─────────────────────────────┘

❶ 脇を縫う

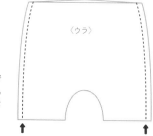

前パンツと後ろパンツを中表で
重ね、両脇を縫い代 1cm で縫う。
2枚まとめてジグザグミシンを
かけ、縫い代は後ろ側に倒す

2 股下を縫う（ゴム通し口をあけて縫う）

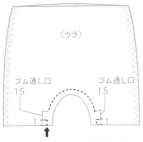

前パンツと後ろパンツの股下を合わせて固定したら、左右の下端から1cm上にゴム通し口1.5cmを残して縫い代1cmで縫う

左右のゴム通し口の0.5cm上に切り込みを入れ、切り込みから切り込みまで2枚まとめてジグザグミシンをかける

3 裾を三つ折りで縫う

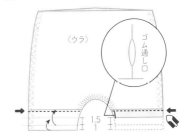

ゴム通し口を割り、両脇の縫い代を後ろ側に倒す。裾を1cm＋1.5cmの三つ折りにしてアイロンをかけ、上の折り目のきわを縫う

4 ウエストベルトを作る（ゴム通し口をあけて縫う）

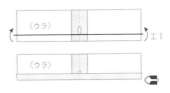

ウエスト一周（前パンツと後ろパンツのウエストを足した長さ）＋2cmの長さでカットする。中表で縦半分に折り、わと反対側の下端から1cm上にゴム通し口2.5cmを残して縫い代1cmで縫う

ゴム通し口の縫い目を割り、さらに1cm折り上げてアイロンをかける

5 ウエストベルトとパンツを縫い合わせる

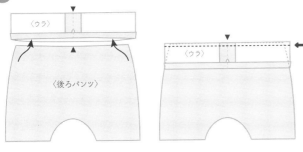

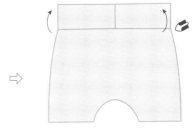

パンツを外表になるように返し、ウエストベルトに中表で入れ込む（ウエストベルトのゴム通し口が後ろパンツの中心にくるように）。パンツの両脇の縫い代を後ろ側に倒し、上端を合わせて固定する。上端から1cm下を一周縫う

ウエストベルトを持ち上げ、縫い目を割りながらアイロンで一周押さえる

ウエストベルトを下の縫い目が隠れるように内側に折り、一周固定する。ベルトの上下のきわを縫う

6 ウエストベルトと裾にゴムを通す

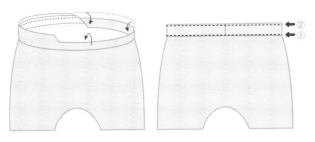

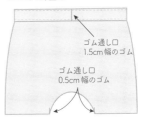

ゴム通し口
1.5cm幅のゴム

ゴム通し口
0.5cm幅のゴム

ウエストベルトのゴム通し口から1.5cm幅のゴムを通して始末する（p.39）

動画で
CHECK！▶

43

コップ入れ巾着袋

【おすすめの生地】
表地：オックス生地、綿ポリなど
裏地：シーチング、綿ポリなど

【完成サイズ目安】
縦　18cm
横　18cm
マチ　8cm

【材料】※表地を1枚布にする場合は、裏地と同じサイズで
　　　　1枚用意し、縫い方❷からスタート

表地　　　　W20 × H26cm（2枚）
裏地　　　　W20 × H50cm
紐　　　　　50cm（2本）

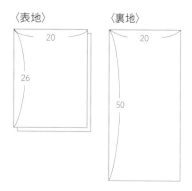

【縫い方手順】
❶ 表地の底を中表で縫い合わせる
❷ 表地と裏地を中表で合わせて端を縫う
❸ 表地・裏地の脇を続けて縫う
❹ 表地・裏地の底のマチを作り、縫う
❺ 表に返し、返し口をまつる
❻ 紐通し口を縫う
❼ 紐通し口から紐を通す

❶ 表地の底を中表で縫い合わせる

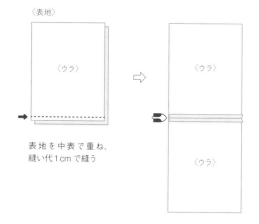

表地を中表で重ね、
縫い代1cmで縫う

縫い目を割ってアイロンをかける

❷ 表地と裏地を中表で合わせて端を縫う

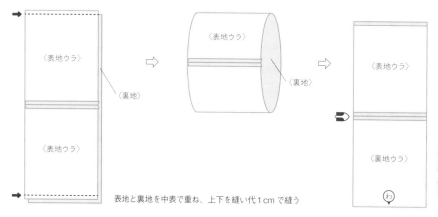

表地と裏地を中表で重ね、上下を縫い代1cmで縫う

表地と裏地の重なりを開き、表地の中心の縫い目が上にくるように合わせる。表地と裏地の縫い目を割ってアイロンをかける（反対側も）

③ 表地・裏地の脇を続けて縫う

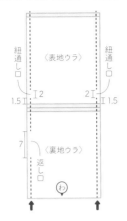

表地と裏地の縫い目同士が合うように固定する。中心の縫い目から1.5cm表地側に紐通し口2cmを残し、裏地側の左端に返し口7cmを残して縫い代1cmで2枚まとめて縫う

両脇の縫い目を割ってアイロンをかける（反対側も）

④ 表地・裏地の底のマチを作り、縫う

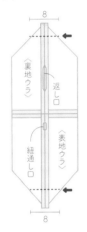

袋状になった表地と裏地を開いて底の部分を三角に折る。両側の三角に8cmのマチを測り、それぞれ縫う

4か所のマチを縫ったら縫い代1cm残し、余分な生地をカットする

⑤ 表に返し、返し口をまつる

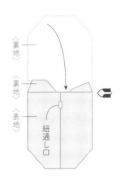

裏地側の返し口から表に返し、返し口をまつる（手縫いでも可）

裏地を表地に入れ込み、表地が少し内側に入るように縫い目をアイロンで一周押さえる

⑥ 紐通し口を縫う

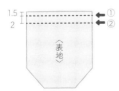

表地と裏地が動かないように固定し、入り口から1.5cm下を一周縫う。さらにそこから2cm下を一周縫う

⑦ 紐通し口から紐を通す

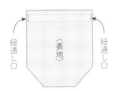

両脇の紐通し口からそれぞれ紐を通す

動画でCHECK！▶

封筒型のお弁当袋

【おすすめの生地】
表地：オックス生地
裏地：シーチング、綿ポリなど

【完成サイズ目安】
縦　12cm
横　18cm（底のサイズ）
マチ　6cm

【材料】
W26 × H47cm（表地、裏地、接着芯各1枚）
マジックテープ　5cm

 〈表地〉　　〈裏地〉　　〈接着芯〉

26　　　　26　　　　26

47　　　　47　　　　47

【縫い方手順】
❶ 表地と裏地にマジックテープを縫う
❷ 表地と裏地を中表で合わせて入り口を縫う
❸ 生地の長さを測って折る
❹ フタにカーブを付ける
❺ 表に返し、返し口をまつる
❻ フタに押さえミシンをかける

❶ 表地と裏地にマジックテープを縫う

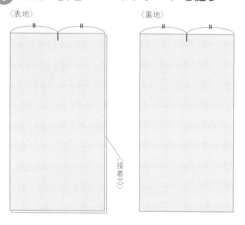

〈表地〉　　　　　〈裏地〉

〈接着芯〉

表地の裏面に接着芯を貼り、表地と裏地の中心に印を付ける

〈表地〉　　　　〈裏地〉

5.5　　　　2

表地の上端から5.5cm、裏地の上端から2cm測り印を付け、
マジックテープを縫い付ける（やわらかい方が表地、かたい方
が裏地）

❷ 表地と裏地を中表で合わせて入り口を縫う

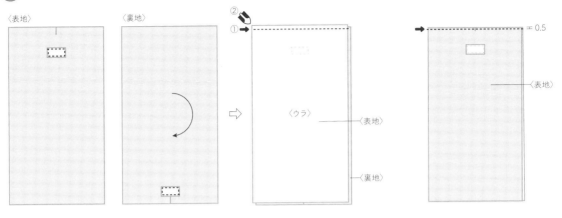

裏地を上下逆さにし、表地と中表で重ねて固定する

上端を縫い代1cmで縫い、縫い目を割ってアイロンをかける

外表になるように返し、上端に縫い代0.5cmで押さえミシンをかける

❸ 生地の長さを測って折る（表地）

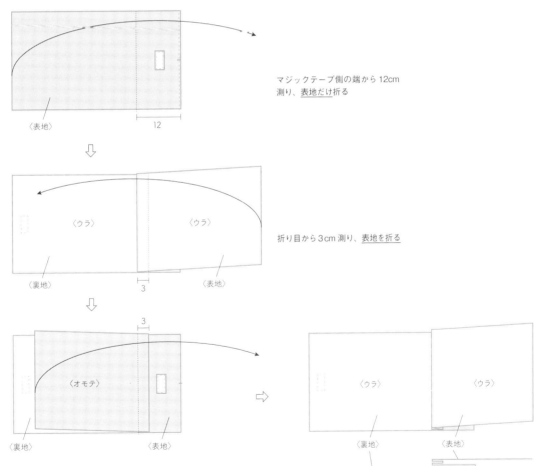

マジックテープ側の端から12cm測り、表地だけ折る

折り目から3cm測り、表地を折る

さらに下の折り目に合わせて（折り目から3cm）、表地を外側に折り、重なった折り目をクリップなどで固定して裏返す

折り終えた断面

③ 生地の長さを測って折る（裏地）

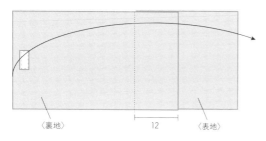

12

〈裏地〉　　〈表地〉

生地を表面に返し、表地の折り目に合わせて（折り目から12cm）、裏地を折る

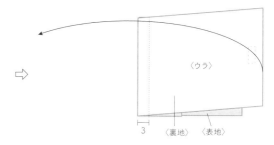

3

〈ウラ〉

〈裏地〉　〈表地〉

折り目から3cm測り、裏地を折る

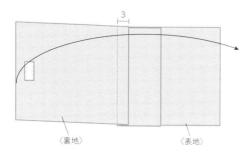

3

〈裏地〉　　〈表地〉

下の折り目に合わせて（折り目から3cm）、裏地を折る

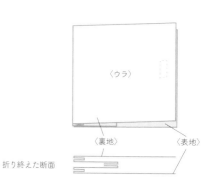

〈ウラ〉

〈裏地〉　　〈表地〉

折り終えた断面

④ フタにカーブを付ける

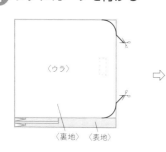

〈ウラ〉

〈裏地〉　〈表地〉

重なった折り目と2枚の生地をクリップなどで固定し、フタの角にカーブを描いて2枚まとめてカットする

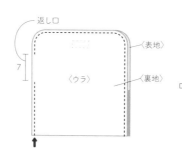

返し口

7

〈ウラ〉　〈表地〉

〈裏地〉

返し口を7cm残し、両脇とフタを縫い代1cmで縫う

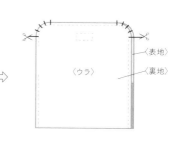

〈ウラ〉　〈表地〉

〈裏地〉

縫い目を避けてカーブに切り込みを入れる

⑤ 表に返し、返し口をまつる

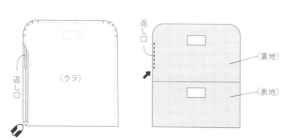

返し口

返し口

〈ウラ〉

返し口

〈裏地〉

〈表地〉

縫い目をすべて割ってアイロンをかけたら、返し口から表に返し、形を整える。返し口は表地・裏地ともに1cmずつ内側に折り、手縫いでまつる

⑥ フタに押さえミシンをかける

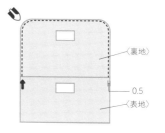

〈裏地〉

0.5

〈表地〉

全体にアイロンをかけて縫い目を整えたら、フタの裏地に縫い代0.5cmで押さえミシンをかける

動画で
CHECK!

フリル付きショートパンツ

【おすすめの生地】※ギャザーが寄る薄めの生地
春夏：コットン（シーチング、ダンガリーなど）
　　　ダブルガーゼ、ハーフリネンなど
秋冬：起毛コットン、リネンウール、
　　　コットンウールなど

【完成サイズ目安】
○80-90cm　　　丈 23.5cm
○90-100cm　　 丈 26cm
○100-110cm　　丈 28.5cm

【材料】
○80-90cm（用尺：W100 × H70cm）
　　ショートパンツ W46 × H30cm（2枚）
　　フリル　　　　 W80 × H18.5cm（2枚）
○90-100cm（用尺：W105 × H80cm）
　　ショートパンツ W50 × H32.5cm（2枚）
　　フリル　　　　 W88 × H21cm（2枚）
○100-110cm（用尺：W110 × H90cm）
　　ショートパンツ W53 × H35cm（2枚）
　　フリル　　　　 W96 × H23.5cm（2枚）

ゴム（1.5cm 幅）

〈ショートパンツ〉

30/32.5/35
46/50/53

〈フリル〉

18.5/21/23.5
80/88/96

【裁ち方】
左から（90 / 100 / 110）

〈ショートパンツ〉

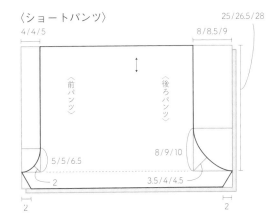

25/26.5/28
4/4/5　　　　　　　　8/8.5/9
〈前パンツ〉　〈後ろパンツ〉
5/5/6.5　　　　8/9/10
2　　3.5/4/4.5
2　　　　　2

【縫い方手順】
❶ 股下を縫う
❷ 股上を縫い合わせる
　（後ろ側にゴム通し口をあけて縫う）
❸ 裾を三つ折りで縫う
❹ ウエストを三つ折りで縫う
　（ゴム通し口をあけて縫う）
❺ フリルの脇を中表で縫う
❻ フリルの裾を三つ折りで縫う
❼ フリルの上端を折り、粗ミシンをかける
❽ フリルのギャザーを寄せて、パンツに縫う
❾ ウエストにゴムを通す

① 股下を縫う

ショートパンツを中表で重ねてサイズ通りにカットしたら2枚に分ける。中表で縦半分に折り、股下を縫い代1cmで縫う。縫い代は2枚まとめてジグザグミシンをかけ、もう片方も同じように作る

② 股上を縫い合わせる（後ろ側にゴム通し口をあけて縫う）

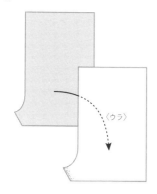

片方だけ外表になるように返したら、もう片方に入れ込む

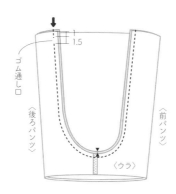

股下の縫い代を後ろ側に倒し、股の中心を合わせて固定する。後ろパンツ側の上端から1cm下にゴム通し口1.5cmを残して縫い代1cmで縫う

ゴム通し口から0.5cm下に切り込みを入れ、切り込みの下から2枚まとめてジグザグミシンをかける

③ 裾を三つ折りで縫う

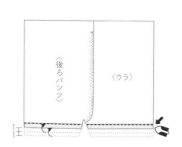

中表のままパンツの形に広げたら、裾を1cm＋1cmの三つ折りにしてアイロンをかける。上の折り目のきわを縫う

④ ウエストを三つ折りで縫う（ゴム通し口をあけて縫う）

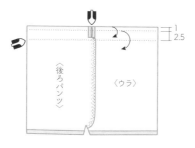

ジグザグミシンをかけなかったゴム通し口を割り、ウエストを1cm＋2.5cmの三つ折りにしてアイロンをかける

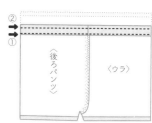

ウエストの下の折り目のきわを縫い、さらに上端から1cm下を一周縫う

5 フリルの脇を中表で縫う

〈ウラ〉

② ① ① ②

フリルを中表で重ねて両脇を縫い代1cmで縫い、2枚まとめてジグザグミシンをかける。縫い代は後ろ側に倒す

6 フリルの裾を三つ折りで縫う

〈ウラ〉

裾を1cm＋1cmの三つ折りにしてアイロンをかけ、上の折り目のきわを縫う

7 フリルの上端を折り、粗ミシンをかける

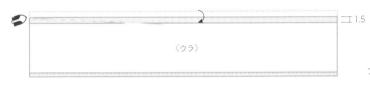

〈ウラ〉

1.5

フリルの上端を1.5cm折ってアイロンをかける

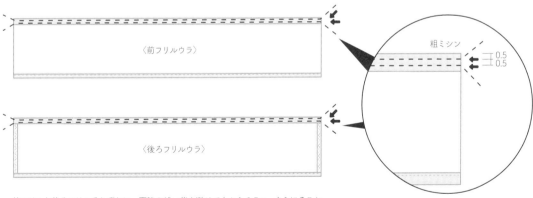

〈前フリルウラ〉

〈後ろフリルウラ〉

粗ミシン

0.5
0.5

前フリルと後ろフリルそれぞれに、両脇の縫い代を避けて上から0.5cm、さらにそこから0.5cm下に粗ミシンをかける。この糸はあとで外すので、はじめと終わりの返し縫いはしない

⑧ フリルのギャザーを寄せて、パンツに縫う

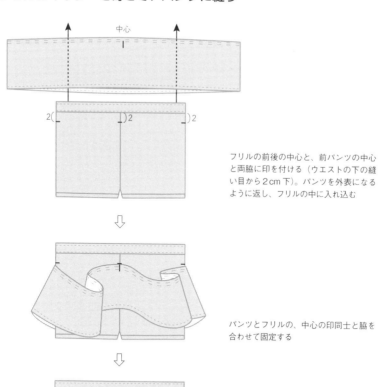

フリルの前後の中心と、前パンツの中心
と両脇に印を付ける（ウエストの下の縫
い目から2cm下）。パンツを外表になる
ように返し、フリルの中に入れ込む

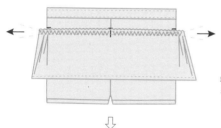

パンツとフリルの、中心の印同士と脇を
合わせて固定する

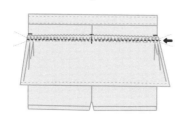

粗ミシンをかけた糸の端を引きながら
ギャザーを寄せていく。パンツと同じく
らいの幅になったら一周固定する

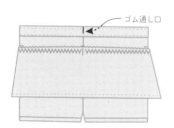

アイロンでギャザーを押さえたら、粗ミ
シンの中心を一周縫う。粗ミシンの糸を
外す

⑨ ウエストにゴムを通す

ゴム通し口

後ろ側のゴム通し口からゴムを通して始
末する（p.39）

動画で
CHECK！

裏地付きフリル袖ワンピース

【おすすめの生地】
春夏：ハーフリネン、リネン、コットン（シーチング、
　　　ダンガリー、ダブルガーゼなど）
秋冬：薄手コーデュロイ、起毛コットンなど

【完成サイズ目安】
○80-90cm　　丈52cm　幅32cm
○90-100cm　　丈59cm　幅34cm
○100-110cm　丈66cm　幅36cm

【材料】
○80-90cm（用尺：W80×H110cm）
　　前身頃　　W34×H23cm（表地・裏地各1枚）
　　後ろ身頃　W20×H23cm（表地・裏地各2枚）
　　袖　　　　W33×H 8 cm（2枚）
　　スカート　W60×H35cm（2枚）
○90-100cm（用尺：W80×H120cm）
　　前身頃　　W36×H25cm（表地・裏地各1枚）
　　後ろ身頃　W21×H25cm（表地・裏地各2枚）
　　袖　　　　W35×H 8 cm（2枚）
　　スカート　W64×H40cm（2枚）
○100-110cm（用尺：W85×H130cm）
　　前身頃　　W38×H27cm（表地・裏地各1枚）
　　後ろ身頃　W22×H27cm（表地・裏地各2枚）
　　袖　　　　W38×H8.5cm（2枚）
　　スカート　W68×H45cm（2枚）

【裁ち方】
左から（90 / 100 / 110）
※前身頃と後ろ身頃は、表地と裏地をそれぞれ中表で重ねておく
※袖は中表で重ねておく

〈前身頃〉

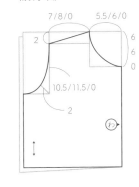

〈後ろ身頃〉

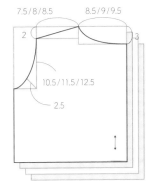

〈フリル袖〉

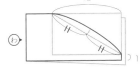

〈スカート〉

〈フリル袖〉

〈前身頃表地〉

〈前身頃裏地〉

〈後ろ身頃表地〉

〈後ろ身頃裏地〉

【縫い方手順】
❶ 肩を縫う
❷ フリル袖の端を三つ折りで縫う
❸ フリル袖の端に粗ミシンをかける
❹ フリル袖のギャザーを寄せて身頃表地に仮縫いする
❺ 身頃の表地と裏地を中表で縫い合わせる
❻ 表に返して、身頃脇を縫い合わせる
❼ 生地の表から端に押さえミシンをかける
❽ スカート脇を縫う
❾ スカート裾を三つ折りで縫う
❿ スカートに粗ミシンをかける
⓫ スカートのギャザーを寄せて身頃と縫い合わせる
⓬ ウエストに表から押さえミシンをかける
⓭ ボタン（プラスナップ）を付ける

❶ 肩を縫う

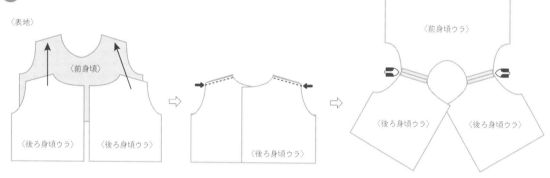

〈表地〉

身頃はそれぞれ表地と裏地を中表で重ねてサイズ通りにカットする。
前身頃と後ろ身頃の表地を中表で重ね、肩を縫い代1cmで縫う

肩の縫い目を割ってアイロンをかける。裏地も
同じように作る

❷ フリル袖の端を三つ折りで縫う

〈フリル袖〉

フリル袖の下端を0.5cm＋1cmの三
つ折りにしてアイロンをかける

上の折り目のきわを縫う。もう片方も
同じように作る

余分な生地をカットする

❸ フリル袖の端に粗ミシンをかける

下端の縫い目を避け、カーブの上端から0.5cm
下に粗ミシンをかける。さらにそこから0.3cm
下に粗ミシンをかける。この糸はあとで外すの
で、はじめと終わりの返し縫いはしない

中表で縦半分に折り、中心に印を付け
る。もう片方も同じように作る

④ フリル袖のギャザーを寄せて身頃表地に仮縫いする

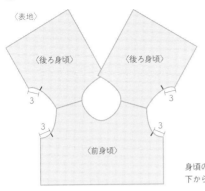

身頃の表地を表向きにして前身頃と後ろ身頃の脇の
下からそれぞれ3cm内側を測り、印を付ける

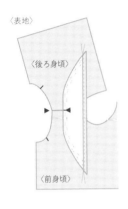 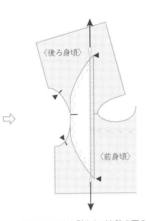 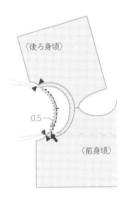

フリル袖を裏向きにして中表で身頃と重ね
る。肩の縫い目とフリル袖の中心に付けた
印を合わせて固定する

粗ミシンの糸を引きながら脇の下の印までと同
じくらいの幅になるようにギャザーを寄せ、フ
リル袖の端を脇の下の印に合わせる。ギャザー
が均等になるように調整しながら固定する

フリル袖と身頃を2枚まとめて縫い代
0.5cmで縫い、粗ミシンの糸を外す。
もう片方も同じように作る

⑤ 身頃の表地と裏地を中表で縫い合わせる

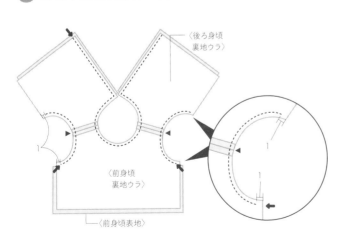 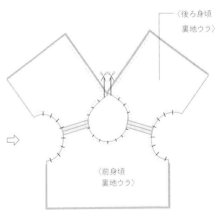

フリル袖を付けた表地と裏地を中表で重ね、肩の縫
い目を合わせて固定する。後ろ身頃の中心と袖周り
も固定したら後ろ身頃の中心と首周り、袖周りを縫
い代1cmで縫う。脇から1cm内側は縫わずに残す

後ろ身頃中心の首の角をカットし、首周りと袖周り
のカーブに縫い目を避けて切り込みを入れる

6 表に返して、身頃脇を縫い合わせる

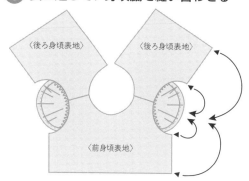

前身頃の裾から、外表になるように返したら、
前身頃と後ろ身頃の表地同士を中表で合わせる

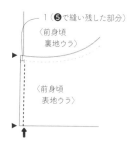

1cm縫い残した脇の下とつなが
るように、縫い代1cmで縫う。
もう片方も同じように作る

裏地側も中表で合わせ、1cm縫い
残した脇の下とつながるように、縫
い代1cmで縫う。もう片方も同じよう
に作る

7 生地の表から端に押さえミシンをかける

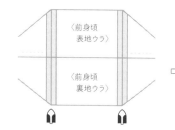

脇の下の縫い目を割ってアイロンをかける

外表になるように返し、すべての縫い目を
アイロンで押さえる。後ろ身頃の中心から
首周りに、続けて押さえミシンをかける

袖周りのきわ（身頃側）にも押さえミシン
をかける

8 スカート脇を縫う

スカートを中表で重ねて両脇を縫い代1cmで縫い、2枚まと
めてジグザグミシンをかける

9 スカート裾を三つ折りで縫う

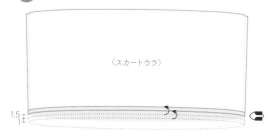

両脇の縫い代を後ろ側に倒し、裾を1cm＋1.5cmの三つ折
りにしてアイロンをかける

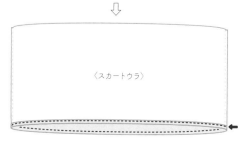

上の折り目のきわを縫う

⑩ スカートに粗ミシンをかける

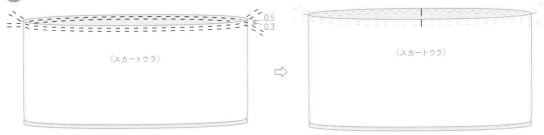

前スカートと後ろスカートそれぞれに、縫い目を避けて上端から0.5cm下に粗ミシンをかける。さらにそこから0.3cm下に粗ミシンをかける。この糸はあとで外すので、はじめと終わりの返し縫いはしない

前後の中心に印を付ける

⑪ スカートのギャザーを寄せて身頃と縫い合わせる

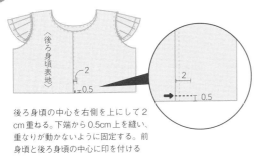

後ろ身頃の中心を右側を上にして2cm重ねる。下端から0.5cm上を縫い、重なりが動かないように固定する。前身頃と後ろ身頃の中心に印を付ける

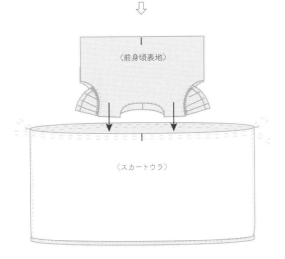

スカートの中に中表で身頃を入れ込む

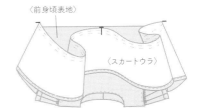

両脇と前後の中心の印同士を合わせて固定する

粗ミシンをかけた糸を引きながらギャザーを寄せていく。ギャザーが均等になるように調整しながら一周固定する

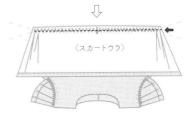

上端から1cm下を一周縫い、粗ミシンの糸を外す

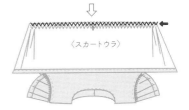

スカートと身頃を2枚まとめて、縫い代にジグザグミシンを一周かける

⑫ ウエストに表から押さえミシンをかける

ジグザグミシンをかけた縫い代を身頃側に倒し、すべての生地を外表にしたら、ギャザーをアイロンで押さえる。身頃側のきわに押さえミシンを一周かける

⑬ ボタン（プラスナップ）を付ける

3か所にボタンを付ける

 動画で
CHECK！

ハーフパンツ

【おすすめの生地】
春夏：ダンガリー、ハーフリネン、綿ポリなど
秋冬：起毛コットン、フランネル、コーデュロイなど

【完成サイズ目安】
○80-90cm 丈31cm 股下10cm
○90-100cm 丈34cm 股下12cm
○100-110cm 丈37cm 股下14cm

【材料】
○80-90cm（用尺：W100×H50cm）
前パンツ W22×H32cm（2枚）
後ろパンツ W27×H34cm（2枚）
ポケット W12×H14cm（2枚）
ウエストベルト W70×H 7cm
○90-100cm（用尺：W110×H55cm）
前パンツ W23×H35cm（2枚）
後ろパンツ W28.5×H37cm（2枚）
ポケット W13×H15cm（2枚）
ウエストベルト W74×H 7cm
○100-110cm（用尺：W80×H90cm）
前パンツ W24.5×H38cm（2枚）
後ろパンツ W30×H40cm（2枚）
ポケット W14×H16cm（2枚）
ウエストベルト W78×H 7cm

ゴム（幅2.5cmまで）

〈前パンツ〉　　〈後ろパンツ〉

32/35/38　　34/37/40

22/23/24.5　　27/28.5/30

〈ポケット〉　〈ウエストベルト〉

14/15/16　　　70/74/78　　7

12/13/14

【裁ち方】※裾の切り方は縫い方❶参照
左から（90/100/110）

〈前パンツ〉

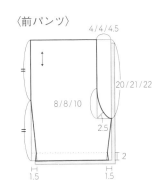

4/4/4.5

20/21/22

8/8/10

2.5

2

1.5　　1.5

〈後ろパンツ〉

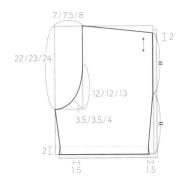

7/7.5/8

2

22/23/24

12/12/13

3.5/3.5/4

2

1.5　　1.5

【縫い方手順】
❶ サイズ通りにカットする
❷ パンツ脇を縫い合わせる
❸ ポケットを作る
❹ パンツにポケットを付ける
❺ 股下を縫う
❻ 裾を三つ折りで縫う
❼ 股上を縫い合わせる
❽ ウエストベルトを作る（片側にゴム通し口を
　あけて縫う）
❾ ウエストベルトとパンツを縫い合わせる
❿ ウエストにゴムを通す

① サイズ通りにカットする

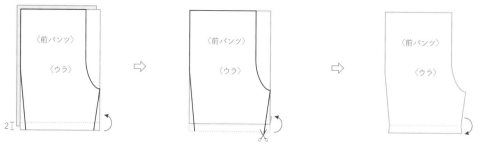

前パンツをそれぞれ中表で重ね、下端から2cm上を後ろ側に折って2枚まとめてカットする

折った裾を元に戻し、2枚に分ける。後ろパンツも同じようにカットする

② パンツ脇を縫い合わせる

前パンツと後ろパンツを中表で重ね、脇を縫い代1cmで縫う。縫い代は2枚まとめてジグザグミシンをかけ、後ろ側に倒す

表向きにし、倒した縫い代のきわ（後ろ側）に押さえミシンをかける。もう片方も同じように作る

③ ポケットを作る

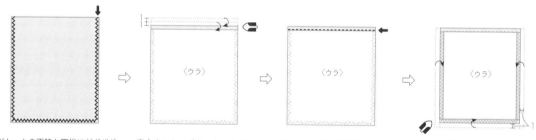

ポケットの両脇と下端にジグザグミシンをかける（ほつれない生地の場合は割愛）

裏向きにし、ポケット口を1cm＋1cmの三つ折りにしてアイロンをかける

ポケット口の下の折り目のきわを縫う

両脇と下端を1cmずつ折りアイロンをかける。もう片方も同じように作る

④ パンツにポケットを付ける

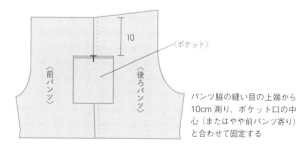

パンツ脇の縫い目の上端から10cm測り、ポケット口の中心（またはやや前パンツ寄り）と合わせて固定する

ポケットのきわを縫う（入口の両端は補強のため数回返し縫いをするか三角に縫う）。もう片方も同じように作る

⑤ 股下を縫う

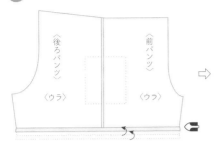  

裾を1cm＋1cmの三つ折りにしてアイロンをかける

裾の三つ折りを広げて中表で縦半分に折り、股下を固定する。縫い代1cmで縫い、縫い代は2枚まとめてジグザグミシンをかけ、後ろ側に倒す

外表になるように返し、倒した縫い代のきわに押さえミシンをかける。もう片方も同じように作る

⑥ 裾を三つ折りで縫う

中表になるように返して裾を三つ折りに戻し、上の折り目のきわを縫う。もう片方も同じように作る

⑦ 股上を縫い合わせる

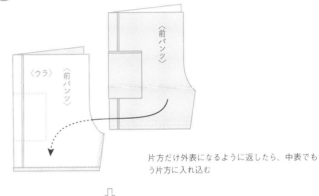

片方だけ外表になるように返したら、中表でもう片方に入れ込む

股の中心を合わせてから固定し、股上を縫い代1cmで縫う。縫い代は2枚まとめてジグザグミシンをかけ、後ろ側に倒す

外表でズボンの形に広げたら、倒した股上の縫い代のきわに押さえミシンをかける

⑧ ウエストベルトを作る（片側にゴム通し口をあけて縫う）

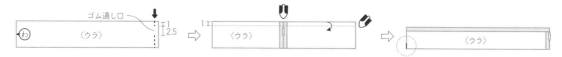

ウエストベルトを中表で縦半分に折り、上端から1cm下にゴム通し口2.5cmを残して縫い代1cmで縫う

縫い目を割ってアイロンをかけ、さらに上端を1cm折ってアイロンをかける

ゴム通し口の反対側に印を付ける

⑨ ウエストベルトとパンツを縫い合わせる

ウエストベルトの折り目を下にして、中表でパンツを入れ込む。ゴム通し口と後ろパンツの中心、通し口の反対側の印と前パンツの中心を合わせる

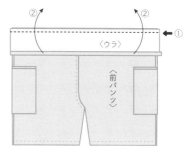

縫い代1cmでウエストを一周縫い、ウエストベルトを持ち上げる。内側の縫い代は上に向ける

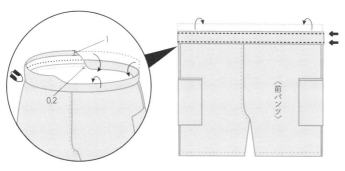

縫い目をアイロンで押さえ、あらかじめ付けておいた1cmの折り目を折る。さらに切り替えの縫い目が隠れるように0.2cmかぶせて一周固定する

ウエストベルトの上下のきわを一周縫う

⑩ ウエストにゴムを通す

後ろ側のゴム通し口からゴムを通して始末する（p.39）

動画で
CHECK！

キュロットスカート

【おすすめの生地】
春夏：コットン（シーチング、ダンガリー、ブロード
　　　など）、リネン、ハーフリネンなど
秋冬：薄手コーデュロイ、コットンウール、起毛コッ
　　　トンなど

【完成サイズ目安】
○80-90cm　　丈 24.5cm　　股上 20cm
○90-100cm　 丈 27cm　　　股上 21.5cm
○100-110cm　丈 29.5cm　　股上 23cm

【材料】
○80-90cm（用尺：W95 × H65cm）
　W91 × H30.5cm（2枚）
○90-100cm（用尺：W100 × H70cm）
　W94 × H33cm（2枚）
○100-110cm（用尺：W100 × H75cm）
　W97 × H35.5cm（2枚）

ゴム（1.5cm 幅まで）

【裁ち方】
左から（90 / 100 / 110）

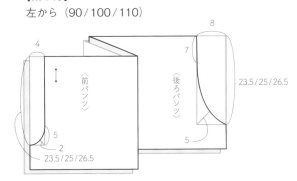

〈前パンツ〉　〈後ろパンツ〉

23.5 / 25 / 26.5

23.5 / 25 / 26.5

30.5 / 33 / 35.5

91 / 94 / 97

【縫い方手順】
❶ 股下を縫う
❷ 裾を三つ折りで縫う
❸ 股上を縫い合わせる
　（後ろ側にゴム通し口をあけて縫う）
❹ ウエストを三つ折りにし、
　ゴム通し口を作って縫う
❺ ウエストにゴムを通す

❶ 股下を縫う

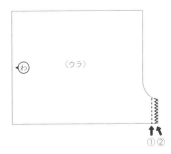

〈ウラ〉

①②

中表で重ねてサイズ通りにカットしたら2枚
に分ける。中表になるように縦半分に折り、
股下を縫い代1cm で縫う。縫い代は2枚ま
とめてジグザグミシンをかけ、後ろ側に倒す。
もう片方も同じように作る

❷ 裾を三つ折りで縫う

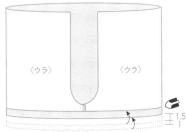

〈ウラ〉　〈ウラ〉

1.5
1

裾を1cm ＋1.5cm の三つ折りにしてアイ
ロンをかける

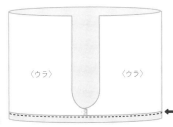

〈ウラ〉　〈ウラ〉

上の折り目のきわを縫う。もう片方も同じ
ように作る

③ 股上を縫い合わせる（後ろ側にゴム通し口をあけて縫う）

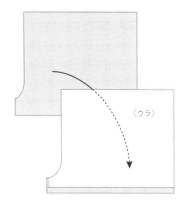 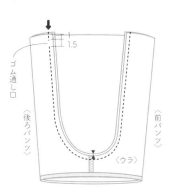 

片方だけ外表になるように返したら、中表になるようにもう片方に入れ込む

股下の縫い代を後ろ側に倒し、中心を合わせてから固定する。後ろパンツ側の上端から1cm下にゴム通し口1.5cmを残して縫い代1cmで縫う

ゴム通し口から0.5cm下に切り込みを入れ、切り込みの下から2枚まとめてジグザグミシンをかける

④ ウエストを三つ折りにし、ゴム通し口を作って縫う

 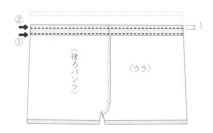

中表のままズボンの形に広げたら、ジグザグミシンをかけなかったゴム通し口を割り、1cm＋2.5cmの三つ折りにしてアイロンをかける

ウエストの下の折り目のきわを一周縫い、さらに上の折り目から1cm下を一周縫う

⑤ ウエストにゴムを通す

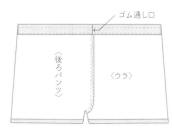

後ろ側のゴム通し口からゴムを通して始末する
(p.39)

動画で
CHECK !

透明で中が見える連絡袋

【おすすめの生地】
表地：オックス生地
裏地：シーチング、綿ポリなど

【完成サイズ目安】
縦　15cm
横　20cm

【材料】
窓側　W22 × H17cm（表地・裏地各1枚）
本体　W22 × H22cm（表地・裏地各1枚）
接着芯　W22 × H17cm、W22 × H22cm
※窓側と本体の表地の裏面に貼っておく
クリアケース　B6サイズ
マジックテープ　5cm

【縫い方手順】
❶ 窓部分を縫う
❷ 入り口の端を1cm折る
❸ 表に返して押さえミシンをかける
❹ マジックテープを縫う
❺ 窓布を間に挟み、本体の表地と裏地を中表で合わせる
❻ フタのカーブをカットする
❼ 本体を縫い合わせる（返し口をあけて縫う）
❽ 表に返し、返し口をまつる

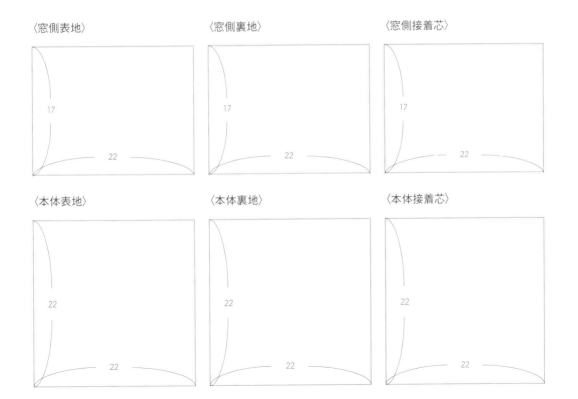

〈窓側表地〉　17　22

〈窓側裏地〉　17　22

〈窓側接着芯〉　17　22

〈本体表地〉　22　22

〈本体裏地〉　22　22

〈本体接着芯〉　22　22

① 窓部分を縫う

〈窓側〉

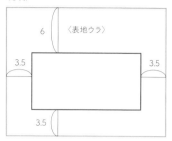

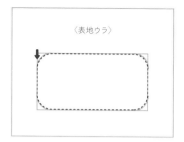

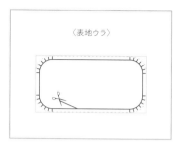

窓側の表地と裏地を中表で重ね、左右と下端から3.5cm、上端から6cm測って線を引く

四隅にカーブを描き、線に沿って縫う

縫い目から0.5cm内側を2枚まとめてカットし、縫い目を避けて四隅のカーブに切り込みを入れる

② 入り口の端を1cm折る

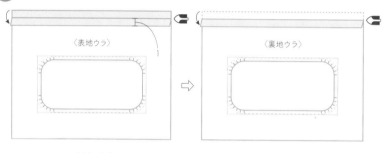

表地の上端を1cm折ってアイロンをかけ、裏地向きに返して裏地の上端も1cm折ってアイロンをかける

③ 表に返して押さえミシンをかける

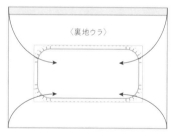

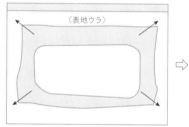

裏地をめくり、窓から表側に入れ込む

表地向きに返して裏地を引き出し、端を表地と合わせて整える

窓のきわをアイロンで押さえる

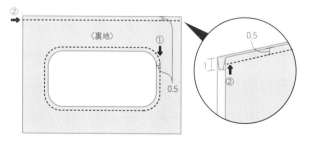

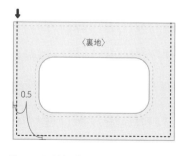

②で1cm折った入り口の折り目を内側に折り込み、生地が動かないように固定する。窓のきわと入り口を縫い代0.5cmで縫う

残りの三辺も縫い代0.5cmで縫う

④ マジックテープを縫う

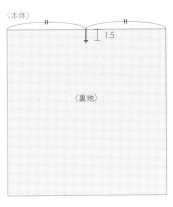

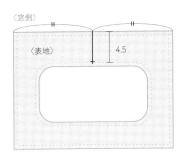

本体裏地を表向きにし、上端の中心から
1.5cm下に印を付ける

窓側表地にも上端の中心から4.5cm下に印
を付ける

本体裏地に付けた印とマジックテープのやわらか
い方の上端を合わせ、テープのきわを一周縫う

窓側裏地に付けた印とマジックテープのかたい
方の下端を合わせ、テープのきわを一周縫う

⑤ 窓布を間に挟み、本体の表地と裏地を中表で合わせる

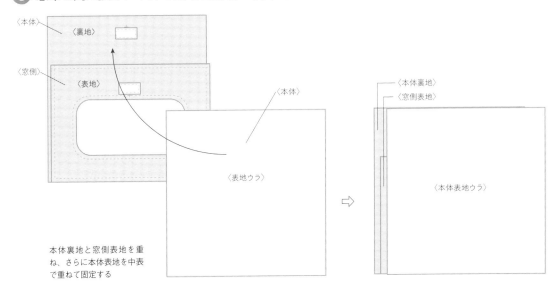

本体裏地と窓側表地を重
ね、さらに本体表地を中表
で重ねて固定する

⑥ フタのカーブをカットする

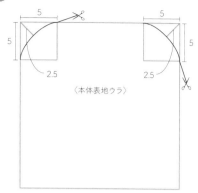

左右の上の角から縦と横に5cm、斜めに
2.5cm測って印を付け、カーブを描く。カー
ブに沿って2枚まとめてカットする

⑦ 本体を縫い合わせる（返し口をあけて縫う）

フタの上端に返し口7cmを残し、縫い代
1cmで一周縫う

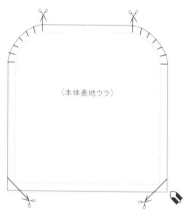

縫い目を避けてフタのカーブに切り込みを
入れ、下の角もカットする。縫い目を割っ
てアイロンをかける

⑧ 表に返し、返し口をまつる

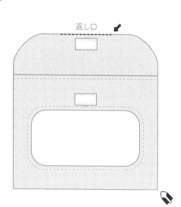

返し口から表に返して形を整え、アイロン
で押さえる。返し口を手縫いでまつる

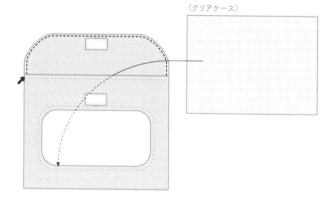

フタの上端に押さえミシンをかけ、中に
クリアケースを入れる

動画で
CHECK！

ポシェット

【おすすめの生地】
外側：オックス生地、綿麻キャンバスなど
内側：シーチング、綿ポリなど

【完成サイズ目安】
縦　14cm
横　20cm
マチ　4cm

【材料】
フタ　　　　　W22 × H12cm（表地1枚・裏地1枚）
バッグ本体　W22 × H34cm（表地1枚・裏地1枚）
肩紐　　　　　W62 × H 5cm（2枚）
接着芯　　　　W22 × H34cm、W22 × H12cm
※本体表地とフタ裏地の裏面に貼っておく

マジックテープ　3.5cm

【縫い方手順】
❶ フタのカーブをカットする
❷ 肩紐を作る（p.39）
❸ マジックテープを縫う
❹ 本体表地の脇を縫う
❺ 本体表地のマチを作り、縫う
❻ フタを作る
❼ 本体裏地のマチを作り、縫う
❽ 本体・フタ・肩紐を合わせてバッグ入り口を縫う
❾ 表に返し、返し口をまつる
❿ バッグ入り口に押さえミシンをかける

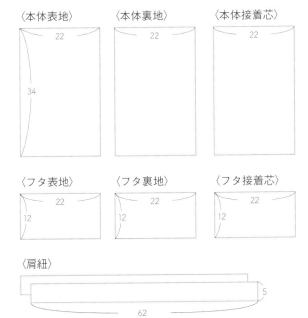

〈本体表地〉 22 34
〈本体裏地〉 22
〈本体接着芯〉 22

〈フタ表地〉 22 12
〈フタ裏地〉 22 12
〈フタ接着芯〉 22 12

〈肩紐〉 5 62

❶ フタのカーブをカットする

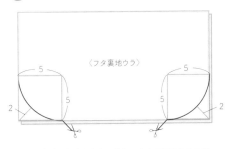

〈フタ裏地ウラ〉
5　5
5　5
2　　2

フタの表地と裏地を中表で重ね、左右の下の角から縦
と横に5cm、斜めに2cm測り印を付け、カーブを描く。
カーブに沿って2枚まとめてカットする

❷ 肩紐を作る（p.39）

③ マジックテープを縫う

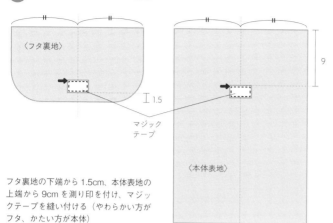

フタ裏地の下端から1.5cm、本体表地の上端から9cmを測り印を付け、マジックテープを縫い付ける（やわらかい方がフタ、かたい方が本体）

④ 本体表地の脇を縫う

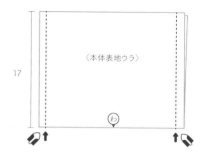

本体表地を中表で横半分に折り、両脇を縫い代1cmで縫う。縫い目を割ってアイロンをかける

⑤ 本体表地のマチを作り、縫う

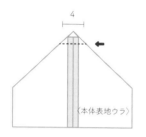 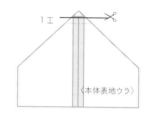

袋状になった本体表地を開いて底の部分を三角に折る。両側の三角に4cmのマチを測り、それぞれ縫う

両側のマチを縫ったら1cm残して余分な生地をカットする

⑥ フタを作る

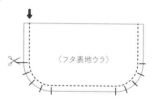 

フタの表地と裏地を中表で重ね、U字を縫い代1cmで縫う。縫い目を避けてカーブに切り込みを入れる

外表になるように返したら、縫い目に沿ってアイロンをかける。U字のきわに押さえミシンをかける

⑦ 本体裏地のマチを作り、縫う

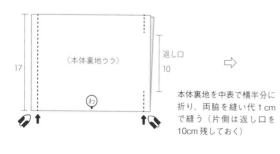 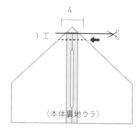

本体裏地を中表で横半分に折り、両脇を縫い代1cmで縫う（片側は返し口を10cm残しておく）

縫い目を割ってアイロンをかけたら本体表地（縫い方⑤）と同じように4cmのマチを作る

⑧ 本体・フタ・肩紐を合わせてバッグ入り口を縫う

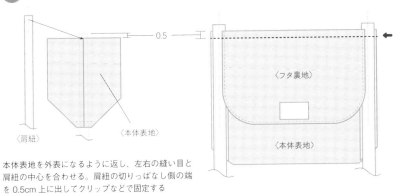

〈肩紐〉　0.5　〈本体表地〉

本体表地を外表になるように返し、左右の縫い目と肩紐の中心を合わせる。肩紐の切りっぱなし側の端を 0.5cm 上に出してクリップなどで固定する

〈フタ裏地〉　〈本体表地〉

本体表地のマジックテープが付いていない面にフタを合わせ、本体左右の縫い目より少し内側にクリップなどで固定する。フタを縫い代 0.5cmで仮縫いする

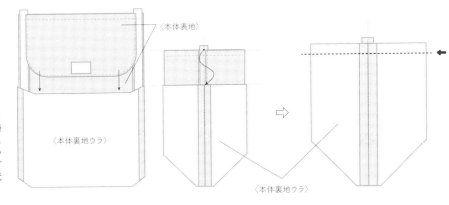

〈本体表地〉

本体裏地の中に、フタと肩紐が付いた本体表地を中表で入れ込む。裏地と表地の脇の縫い目を合わせてクリップなどで固定し、縫い代1cm で一周縫う

〈本体裏地ウラ〉　〈本体裏地ウラ〉

⑨ 表に返し、返し口をまつる

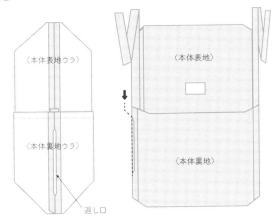

〈本体表地ウラ〉　〈本体表地〉

〈本体裏地ウラ〉　〈本体裏地〉

返し口

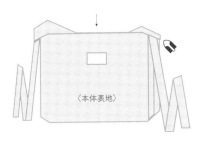

〈本体表地〉

本体裏地の返し口から表に返し、返し口をまつる（ミシンでも可）。本体裏地を中に入れ込み、縫い目を一周アイロンで押さえる

⑩ バッグ入り口に押さえミシンをかける

〈本体表地〉

バッグ入り口に押さえミシンを一周かけ、肩紐をリボン結びする

動画でCHECK！▶

ニット生地長ズボン

【おすすめの生地】
裏毛ニット

【完成サイズ目安】
○80−90cm　　丈46.5cm　股下27cm
○90−100cm　丈54.5cm　股下34cm
○100−110cm　丈62.5cm　股下41cm

【材料】
○80−90cm（用尺：W90 × H60cm）
　前パンツ　　W18.5 × H52cm（2枚）
　後ろパンツ　W22 × H54cm（2枚）
○90−100cm（用尺：W95 × H70cm）
　前パンツ　　W19.5 × H60cm（2枚）
　後ろパンツ　W23.5 × H62cm（2枚）
○100−110cm（用尺：W100 × H75cm）
　前パンツ　　W21 × H68cm（2枚）
　後ろパンツ　W25 × H70cm（2枚）

ニット用の糸とミシン針
ゴム（2cm幅）

〈前パンツ〉　　〈後ろパンツ〉

52/60/68　　　54/62/70

18.5/19.5/21　　22/23.5/25

【裁ち方】
左・上から（90/100/110）

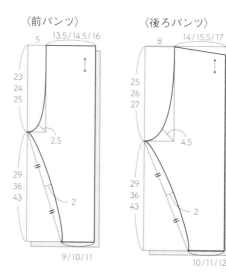

〈前パンツ〉
5　　13.5/14.5/16
23
24
25
2.5
29
36
43
2
9/10/11

〈後ろパンツ〉
8　　14/15.5/17　　2
25
26
27
4.5
29
36
43
2
10/11/12

【縫い方手順】
❶ 股下、脇を縫う
❷ 股上を縫う（後ろ側にゴム通し口をあけて縫う）
❸ ズボン裾とウエスト端にジグザグミシンをかける
❹ 裾を折って縫う
❺ ウエストを折って縫う
❻ ウエストにゴムを通す

① 股下、脇を縫う

前パンツと後ろパンツを中表で片足ずつ
合わせたら、股下と脇を固定し、縫い代
1cmで縫う。2枚まとめてにジグザグミ
シンをかけ、後ろ側に倒す

② 股上を縫う（後ろ側にゴム通し口をあけて縫う）

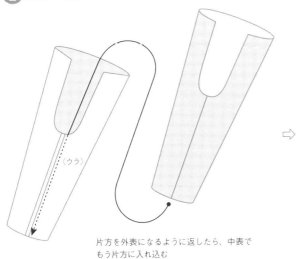

片方を外表になるように返したら、中表で
もう片方に入れ込む

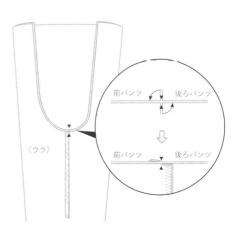

股の中心を合わせてから固定する。このとき縫い代
が厚くなりすぎないように、片方の縫い代を前パン
ツ、もう片方を後ろパンツ側に倒す

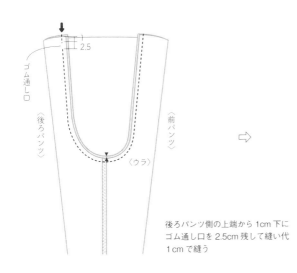

後ろパンツ側の上端から1cm下に
ゴム通し口を2.5cm残して縫い代
1cmで縫う

ゴム通し口から0.5cm下に切り込
みを入れ、切り込みの下から2枚
まとめてジグザグミシンをかける

**③ パンツ裾とウエスト端に
ジグザグミシンをかける**

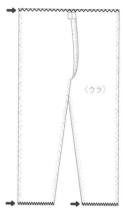

〈ウラ〉

中表のままズボンの形に広げたら、裾とウエストにジグザグミシンをかける。このときゴム通し口は開いた状態、裾の縫い代はすべて後ろ側に倒す

④ 裾を折って縫う

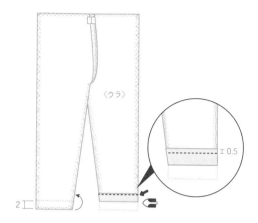

〈ウラ〉

エ 0.5

2

裾を 2cm 折ってアイロンをかけ、折り目のきわを縫い代 0.5cm で縫う

⑤ ウエストを折って縫う

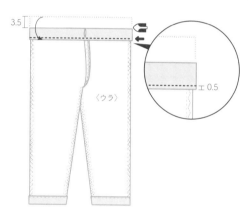

3.5

〈ウラ〉

エ 0.5

ウエストを 3.5cm 折ってアイロンをかけ、折り目のきわを縫い代 0.5cm で縫う

⑥ ウエストにゴムを通す

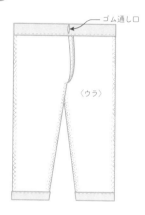

ゴム通し口

〈ウラ〉

後ろ側のゴム通し口からゴムを通して始末する（p.39）

動画で
CHECK！

ポケット付きタックスカート

【おすすめの生地】
春夏：コットン（シーチング、ダンガリー、ブロード
など）、リネン、ハーフリネンなど
秋冬：コーデュロイ、フランネル、起毛コットンなど

【完成サイズ目安】
丈　28cm

【材料】※ 90-100cm サイズ。1 サイズアップするごとに
　　　　スカートのHを＋3～4cm（Wはすべて同じ長さ）

（用尺：W90 × H80cm）
スカート　W82 × H31cm（2枚）
ポケット　W20 × H15cm（2枚）
ウエストベルト　W46 × H 8 cm（2枚）
ゴム（2cm幅）

〈スカート〉

〈ポケット〉　　　　〈ウエストベルト〉

【縫い方手順】
❶ 脇ポケットの入り口を縫う
❷ 脇ポケットの底を縫う
❸ スカートのタックを折る
❹ スカートの脇を縫い合わせる
❺ 裾を三つ折りで縫う
❻ ウエストベルトを作る（ゴム通し口をあけて縫う）
❼ ウエストベルトとスカートを 縫い合わせる
❽ ウエストにゴムを通す

① 脇ポケットの入り口を縫う

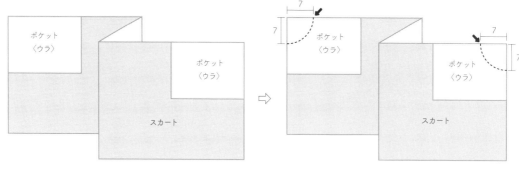

スカート1枚とポケットを中表で固定する

ポケットの角から縦と横に7cmずつ測り、カーブを描いて
線に沿って縫う

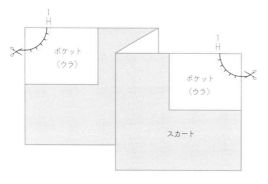

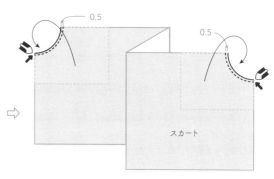

ポケットの縫い目の1cm外側を2枚まとめてカットし、さら
に縫い目を避けて切り込みを入れる

ポケットをスカートの裏側に返し、ポケットの入り口をアイ
ロンで押さえる。スカートとポケットの上端と両端を合わせ
て固定したら、0.5cm内側に押さえミシンをかける

② 脇ポケットの底を縫う

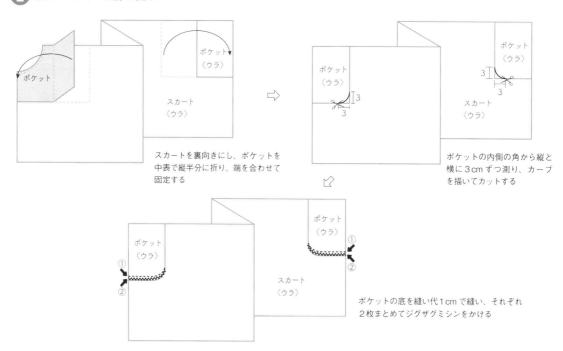

スカートを裏向きにし、ポケットを
中表で縦半分に折り、端を合わせて
固定する

ポケットの内側の角から縦と
横に3cmずつ測り、カーブ
を描いてカットする

ポケットの底を縫い代1cmで縫い、それぞれ
2枚まとめてジグザグミシンをかける

③ スカートのタックを折る

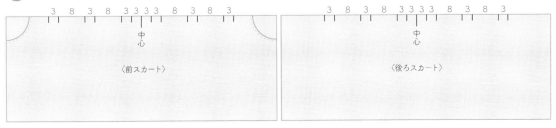

スカート2枚を表向きにしたら中心に印を付け、中心からタックの幅を測っていく

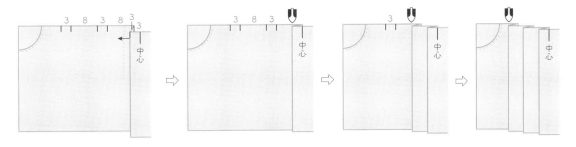

中心から左右のポケットに向けて、蛇腹になるようにアイロンをかけながらタックを折っていく（もう1枚のスカートも同様）

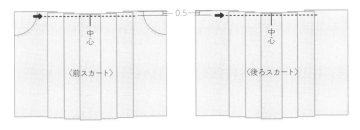

タックの上端から0.5cm下を縫う
（もう1枚のスカートも同様）

④ スカートの脇を縫い合わせる

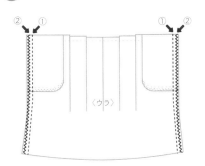

スカートを中表で重ね、両脇を固定する（ポケットも）。両脇を縫い代1cmで縫ったら、2枚まとめてジグザグミシンをかける

⑤ 裾を三つ折りで縫う

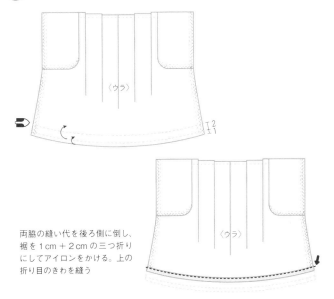

両脇の縫い代を後ろ側に倒し、裾を1cm＋2cmの三つ折りにしてアイロンをかける。上の折り目のきわを縫う

6 ウエストベルトを作る（ゴム通し口をあけて縫う）

ウエストベルトを中表で重ね、両脇を固定する。片側の上
端から1cm下にゴム通し口3cmを残して縫い代1cmで縫
う。縫い目を割ってアイロンをかける

上端を1cm折ってアイロンをかけ、ウエスト
ベルトの前後の中心に印を付ける

7 ウエストベルトとスカートを縫い合わせる

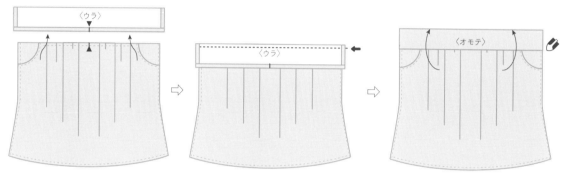

中表でウエストベルトの中にスカートを入れ込み、左右の縫い目と前後の中心の印同
士を合わせて固定する。縫い代1cmでスカートとベルトを一周縫い合わせる

ウエストベルトを持ち上げ、縫い目を割り
ながらアイロンで一周押さえる

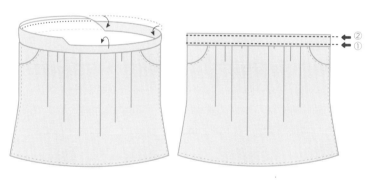

ウエストベルトを内側の下の縫い目が
隠れるように折り、一周固定する

ウエストベルトの上下のきわを一周縫う

8 ウエストにゴムを通す

ゴム通し口からゴムを通して始末する （p.39）

動画で
CHECK！

A ラインワンピース

【おすすめの生地】
リネン、ハーフリネン、コットン（ダブルガーゼ、シーチング、ダンガリーなど）、薄手コーデュロイなど

【完成サイズ目安】
- ○80-90cm　丈 52cm　幅 34cm
- ○100-110cm　丈 64cm　幅 40cm

【材料】※バイアステープ分を除く
○80-90cm（用尺：W90 × H120cm）
- 前身頃　　W50 × H55cm
- 後ろ身頃　W26 × H55cm（2枚）
- 袖　　　　W28 × H24cm（2枚）

○100-110cm（用尺：W90 × H140cm）
- 前身頃　　W54 × H67cm
- 後ろ身頃　W28 × H67cm（2枚）
- 袖　　　　W30 × H28cm（2枚）

【裁ち方】※袖の切り口は縫い方❸参照
左から（80-90 / 100-110）

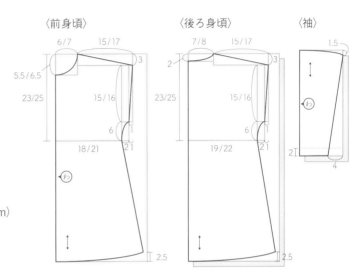

〈前身頃〉　　〈後ろ身頃〉　　〈袖〉

〈前身頃〉　　55/67　　50/54

〈後ろ身頃〉　　55/67　　26/28

〈袖〉　　24/28　　28/30

【縫い方手順】
❶ バイアステープを作る（p.38）
❷ ボタンループを作る（p.38）
❸ サイズ通りにカットする
❹ 後ろ身頃の中心にジグザグミシンをかける
❺ 後ろ開きを残し、後ろ身頃の中心を縫う
❻ 肩を縫う
❼ 首周りにバイアステープを付ける
❽ 袖の縫い代を折って身頃と袖を縫う
❾ 裾の縫い代を折って袖下から脇を縫う
❿ 袖と裾を三つ折りで縫う
⓫ 後ろ身頃の襟ぐりにボタンを付ける

1 バイアステープを作る（p.38）

2 ボタンループを作る（p.38）

3 サイズ通りにカットする

4 後ろ身頃の中心に
ジグザグミシンをかける

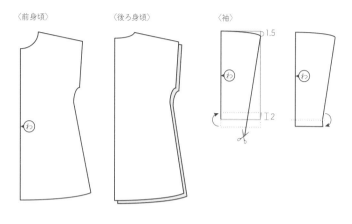

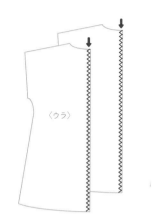

前身頃と後ろ身頃、袖をカットする。袖は下から
2cmを後ろ側に折ってからカットする

5 後ろ開きを残し、後ろ身頃の中心を縫う

6 肩を縫う

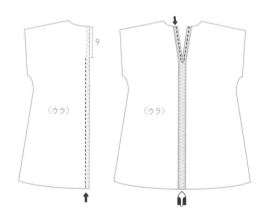

後ろ身頃を中表で重ね、上から9cm残して縫い代1cmで中心を縫
い合わせる。縫い目を割ってアイロンをかける。後ろ開きは割った
縫い代に合わせて外側に折り、きわを縫う

前身頃と後ろ身頃を中表で重ね、縫い代1cm
で肩を縫う。縫い代を2枚まとめてそれぞれジ
グザグミシンをかけ、後ろ側に倒す

⑦ 首周りにバイアステープを付ける

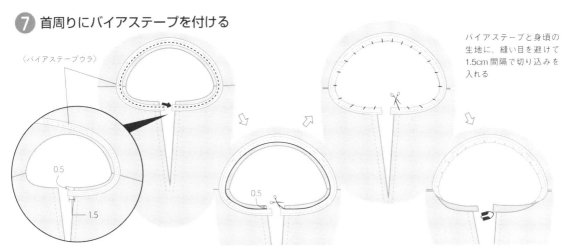

〈バイアステープウラ〉

0.5

1.5

0.5

バイアステープと身頃の
生地に、縫い目を避けて
1.5cm間隔で切り込みを
入れる

外表になるように返し、後ろ身頃の端（開き）から
バイアステープを付けていく。テープの端を1.5cm
左に出し、テープの上から身頃の生地が0.5cm出
るように一周固定する（最後の端も1.5cm出す）。
テープの上の折り目に沿って一周縫う

バイアステープの上から
0.5cm出ている身頃の生地
を一周カットする

バイアステープを持ち上げ、身
頃とテープの縫い目をアイロン
で押さえる

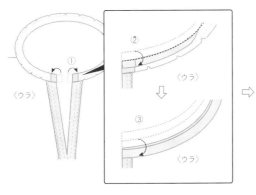

〈ウラ〉 ① ② ③ 〈ウラ〉 〈ウラ〉

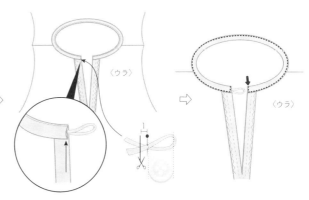

〈ウラ〉 1

〈ウラ〉

中表になるように返し、1.5cm出ているバイアステープの端を
身頃の端に合わせて内側にたたむ。テープを縫い目に沿ってた
たみながら、表の生地が少し見えるように一周固定する

ボタンループをボタンの大きさに合わせ
て輪にし、テープの間にはさむ（ボタン
ループの余分は1cm残してカット）

バイアステープの内側のき
わを一周縫う

⑧ 袖の縫い代を折って身頃と袖を縫う

〈ウラ〉

1
1

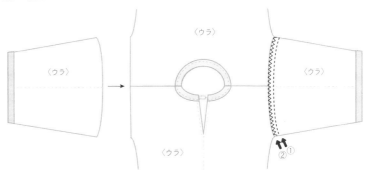

〈ウラ〉 〈ウラ〉 〈ウラ〉 ② ①

袖口を1cm＋1cmの三つ折りに
してアイロンをかける

身頃と袖を中表にして肩と袖の中心を合わせ、縫い代1cm
で縫う。2枚まとめてそれぞれジグザグミシンをかける

9 裾の縫い代を折って袖下から脇を縫う

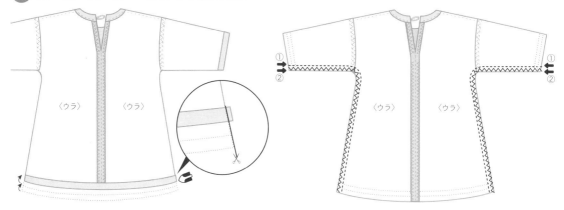

裾を1cm＋1cmの三つ折りにしてアイロンを
かけ、余分な生地をカットする。袖の縫い代を
身頃側に倒し、袖と裾の三つ折りを広げる

脇と袖を固定したら、袖から脇を続けて縫い
代1cmで縫い、2枚まとめてそれぞれジグザ
グミシンをかける

10 袖と裾を三つ折りで縫う

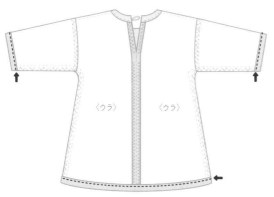

袖下と裾の縫い代を後ろ側に倒し、袖と裾の
三つ折りを戻す。袖の内側と、裾の上の折り
目のきわを縫う

11 後ろ身頃の襟ぐりにボタンを付ける

外表になるように返し、後ろ身頃のボタン
ループの位置に合わせてボタンを付ける

動画で
CHECK！

ボンネット

【おすすめの生地】
表地：ハーフリネン、薄手コーデュロイ、
　　　起毛コットンなど
裏地：ボア、フリースなど

【完成サイズ目安】
○ 1 - 2歳　縦26cm　横24cm
○ 3 - 4歳　縦28cm　横26cm

【材料】※リボンは既製の紐やリボンでも可
○ 1 - 2歳（用尺：W60 × H35cm）
　表地　　W26 × H28cm（2枚）
　裏地　　W26 × H28cm（2枚）
　リボン　W32 × H4cm（2枚）
○ 3 - 4歳（用尺：W60 × H35cm）
　表地　　W28 × H30cm（2枚）
　裏地　　W28 × H30cm（2枚）
　リボン　W32 × H4cm（2枚）

〈表地〉

〈裏地〉

〈リボン〉

【裁ち方】※裏地はカットした表地の生地に合わせてカット
左から（1 - 2歳 / 3 - 4歳）

〈表地〉

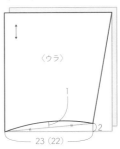

【縫い方手順】
❶ リボンを作る（p.38）
❷ 表地と裏地をそれぞれ縫う
❸ 表地と裏地を中表で重ね、リボンをはさむ
❹ 首周り、顔周りを続けて縫う
❺ 返し口をとじ、表地から押さえミシンをかける

❶ リボンを作る（p.38）
※既製の紐やリボンでも可

❷ 表地と裏地をそれぞれ縫う

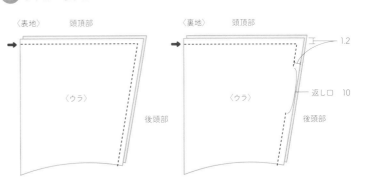

表地と裏地をそれぞれ中表で重ね、頭頂部から後頭部まで
縫う。表地の縫い代は1cm、裏地は縫い代1.2cmで縫い、
後頭部側に返し口を10cm残す

③ 表地と裏地を中表で重ね、リボンをはさむ

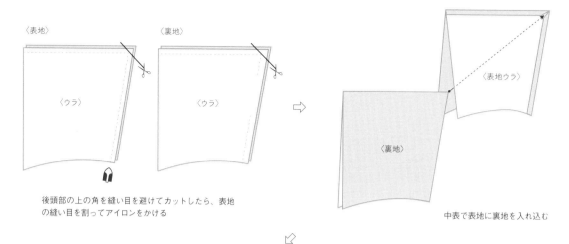

〈表地〉　〈裏地〉

〈ウラ〉　〈ウラ〉

後頭部の上の角を縫い目を避けてカットしたら、表地の縫い目を割ってアイロンをかける

〈表地ウラ〉

〈裏地〉

中表で表地に裏地を入れ込む

〈ウラ〉

裏地と表地の縫い目を合わせて、クリップなどで一周固定する

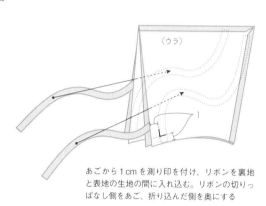

〈ウラ〉

あごから1cmを測り印を付け、リボンを裏地と表地の生地の間に入れ込む。リボンの切りっぱなし側をあご、折り込んだ側を奥にする

④ 首周り、顔周りを続けて縫う

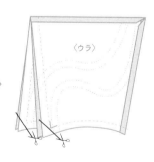

〈ウラ〉　〈ウラ〉

リボンを両側に入れ込んだらクリップなどで固定し、後ろ首側の縫い目から顔周りを通って縫い代1cmで一周縫う

あご側の角を縫い目を避けてカットしたら、裏地の返し口から表に返す

⑤ 返し口をとじ、表地から押さえミシンをかける

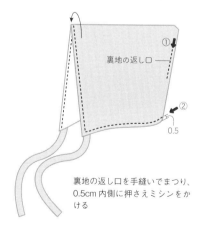

①

裏地の返し口

②

0.5

裏地の返し口を手縫いでまつり、0.5cm内側に押さえミシンをかける

動画で
CHECK！

ブランケットから作るスリーパー

【おすすめの生地】
ブランケット

【完成サイズ目安】
○80-110cm 共通
　丈 69cm　幅 50cm

【材料】
ブランケット　W100 × 70cm
オープンファスナー　50cm

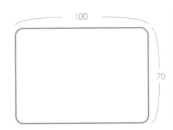

【縫い方手順】
❶ 首周り、肩周りをカットする
❷ 肩を袋縫いする
❸ 首周りを三つ折りで縫う
❹ 肩周りを三つ折りで縫う
❺ 前身頃中心にファスナーを付ける

❶ 首周り、肩周りをカットする

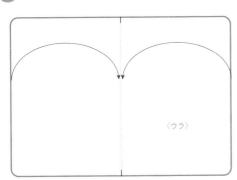

裏向きにして縦半分に折り、中心に印を付ける。両脇を中心に向けて折る

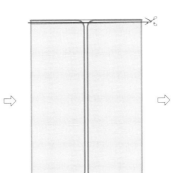

上端のブランケットのふちどりをカットする

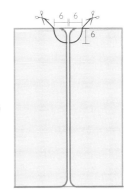

上端の中心から左右と下に6cm 測り、カーブを描いて手前だけカットする

生地が動かないように固定したら背中側を向け、中心から左右に6cm、下に2cm 測る。カーブを描いて後ろ首側をカットする

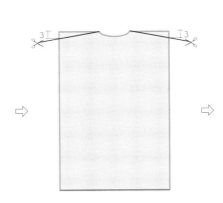

両脇を上端から3cm 測り、2枚まとめてカットする

左右を図の通りに測り、カーブを描いて2枚まとめてカットする

② 肩を袋縫いする

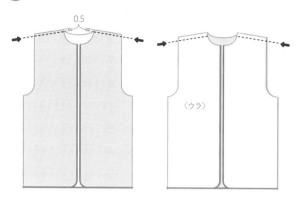

外表のまま、肩を縫い代0.5cmで縫う

中表になるように返し、肩を縫い代1cmで縫う

③ 首周りを三つ折りで縫う

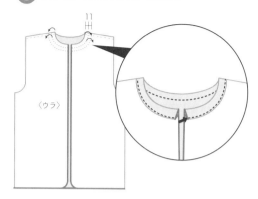

首周りを外側に向けて1cm＋1cmの三つ折りにし、一周固定する（肩の縫い代は背中側に倒す）。内側の折り目のきわを一周縫う（生地が厚い部分がミシンで縫いづらい場合はミシンを手動でかける）

④ 肩周りを三つ折りで縫う

肩周りを首周りと同じようにそれぞれ1cm＋1cmの三つ折りにし、一周固定する。内側の折り目のきわを一周縫う

⑤ 前身頃中心にファスナーを付ける

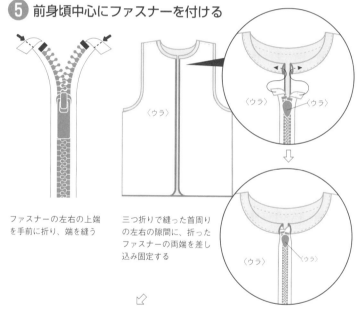

ファスナーの左右の上端を手前に折り、端を縫う

三つ折りで縫った首周りの左右の隙間に、折ったファスナーの両端を差し込み固定する

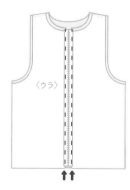

ファスナーが中心にくるように固定し、手縫いで粗く仮縫いする

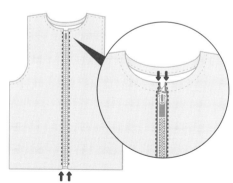

外表になるように返し、ブランケットのふちどりと生地の境目を縫い、仮縫いの糸を外す

▶動画で CHECK！

もこもこズボン

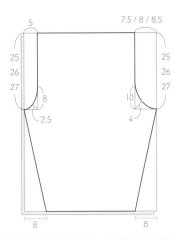

【おすすめの生地】
ブランケット、フリースなど

【完成サイズ目安】
○ 80-90cm
　丈 47cm　股下 26cm
○ 90-100cm
　丈 55cm　股下 33cm
○ 100-110cm
　丈 63cm　股下 40cm

【材料】
○ 80-90cm（用尺：W100 × H60cm）
　W47 × H55cm（2枚）
○ 90-100cm（用尺：W105 × H70cm）
　W49 × H63cm（2枚）
○ 100-110cm（用尺：W110 × H75cm）
　W52 × H71cm（2枚）

ゴム（2㎝幅）
ボタン（お好みで）

【裁ち方】
左・上から（90 / 100 / 110）

【縫い方手順】
❶ 股下を袋縫いする
❷ 股上を袋縫いする
❸ 裾を三つ折りで縫う
❹ ウエストを三つ折りで縫う（ゴム通し口をあけて縫う）
❺ ウエストにゴムを通す

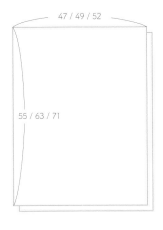

❶ 股下を袋縫いする

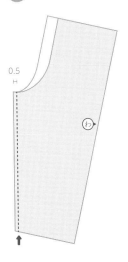

中表で2枚重ねてカットしたら、外表で縦半分に折り、股下を縫い代0.5cmで縫う

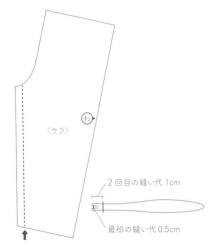

中表になるように返したら、同じ場所を縫い代1cmで縫う。もう片方も同じように作る

② 股上を袋縫いする

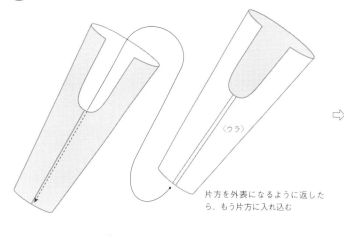

片方を外表になるように返したら、もう片方に入れ込む

股の中心を合わせてクリップなどで固定し、股上を縫い代0.5cmで縫う

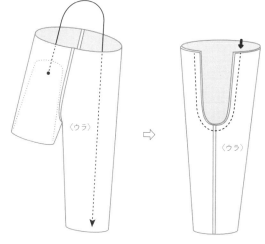

中表になるように返したら、同じ場所を縫い代1cmで縫う

③ 裾を三つ折りで縫う

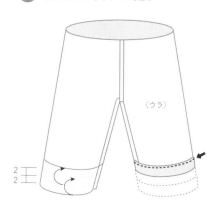

中表のままズボンの形に広げたら、股下の縫い代を股上と同じ方向に倒す。裾を2cm＋2cmの三つ折りにして上の折り目のきわを縫う

④ ウエストを三つ折りで縫う
（ゴム通し口をあけて縫う）

ウエストを1cm＋3cmの三つ折りにし、後ろ側にゴム通し口を3cm残して下の折り目のきわを一周縫う

⑤ ウエストにゴムを通す

ゴム通し口からゴムを通して始末する（p.39）

外表にし、前後が分かりやすいようにお好みでボタンを付ける

動画でCHECK！

ノースリーブブラウス

【おすすめの生地】
リネン、ハーフリネン、コットン（ダブルガーゼ、シーチング、ブロードなど）

【完成サイズ目安】
※平置きで測定
（丈：肩の1番高いところから裾まで　幅：脇の下あたりの横幅）

- ○80-90cm　　　丈 32cm　幅 32cm
- ○90-100cm　　丈 34cm　幅 34cm
- ○100-110cm　　丈 37cm　幅 36cm

【材料】 ※バイアステープ分を除く

- ○80-90cm（用尺：W90 × H40cm）
  - 前身頃　　　W42 × H35cm
  - 後ろ身頃　　W22 × H35cm（2枚）
- ○90-100cm（用尺：W100 × H40cm）
  - 前身頃　　　W44 × H37cm
  - 後ろ身頃　　W23 × H37cm（2枚）
- ○100-110cm（用尺：W100 × H45cm）
  - 前身頃　　　W46 × H40cm
  - 後ろ身頃　　W24 × H40cm（2枚）

〈前身頃〉　　　〈後ろ身頃〉

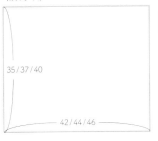

【裁ち方】 ※袖の切り口は縫い方❸参照
左から（90/100/110）

〈前身頃〉　　　　〈後ろ身頃〉

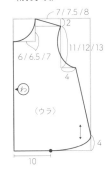
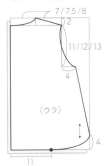

【縫い方手順】
❶ バイアステープを作る（p.38）
❷ ボタンループを作る（p.38）
❸ サイズ通りにカットする
❹ 後ろ身頃の中心に
　　ジグザグミシンをかける
❺ 後ろ開きを残し、後ろ身頃の中心を縫う
❻ 肩を縫う
❼ 首周りにバイアステープを付ける
❽ 裾を三つ折りにして脇を縫う
❾ 裾を三つ折りで縫う
❿ 肩周りにバイアステープを付ける
⓫ 後ろ身頃にボタンを付ける

❶ **バイアステープを作る**（p.38）

❷ **ボタンループを作る**（p.38）

❸ **サイズ通りにカットする**

〈前身頃〉　　　　〈後ろ身頃〉

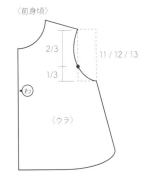

前身頃を中表で縦半分に折り、後ろ身頃は中表で重ねて2枚まとめてカットする。袖のカーブは、前身頃は脇の下から1/3、後ろ身頃は肩と脇の中心を目安に合わせてカットする

④ 後ろ身頃の中心に ジグザグミシンを かける

後ろ身頃の中心にそれぞれ ジグザグミシンをかける

⑤ 後ろ開きを残し、後ろ身頃の 中心を縫う

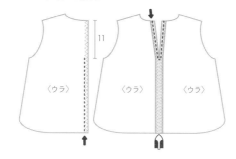

後ろ身頃を中表で重ね、上端から11cm残して縫い代1 cmで縫う。縫い目を割ってアイロンをかけたら、後ろ 開きは割った縫い代に合わせて外側に折り、きわを縫う

⑥ 肩を縫う

前身頃と後ろ身頃を中表で重ね、縫い代1 cmで肩を縫う。縫い代を2枚まとめてそれ ぞれジグザグミシンをかけ、後ろ側に倒す

⑦ 首周りにバイアステープを付ける

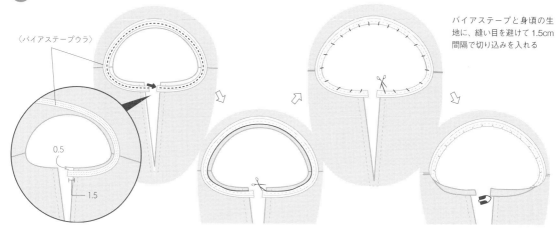

バイアステープと身頃の生 地に、縫い目を避けて1.5cm 間隔で切り込みを入れる

外表になるように返し、後ろ身頃の端（開き）か らバイアステープを付けていく。テープの端を 1.5cm左に出し、テープの上から身頃の生地が 0.5cm出るように一周固定する（最後の端も1.5cm 出す）。テープの上の折り目に沿って一周縫う

バイアステープの上から 0.5cm出ている身頃の生地を 一周カットする

バイアステープを持ち上げ、 身頃とテープの縫い目をアイ ロンで押さえる

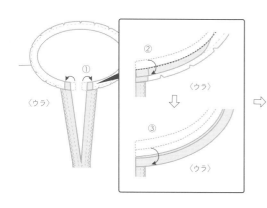

中表になるように返し、1.5cm出ているバイアステープの端を身 頃の端に合わせて内側にたたむ。テープを縫い目に沿ってたたみ ながら、表の生地が少し見えるように一周固定する

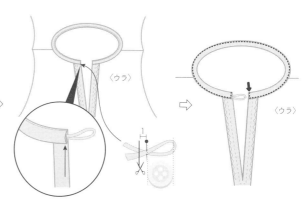

ボタンループをボタンの大きさに合わせ て輪にし、テープの間にはさむ（ボタン ループの余分は1cm残してカット）

バイアステープの内側 のきわを一周縫う

⑧ 裾を三つ折りにして脇を縫う

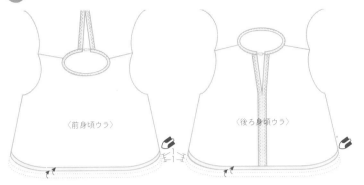

中表のまま、前身頃と後ろ身頃の裾を1cm＋1cmの三つ折りにしてアイロンをかける

三つ折りを広げて前身頃と後ろ身頃を中表で重ね、両脇を縫い代1cmで縫う。2枚まとめてジグザグミシンをかける

⑨ 裾を三つ折りで縫う

両脇の縫い代を後ろ側に倒し、裾の三つ折りを戻して上の折り目のきわを一周縫う

⑩ 肩周りにバイアステープを付ける

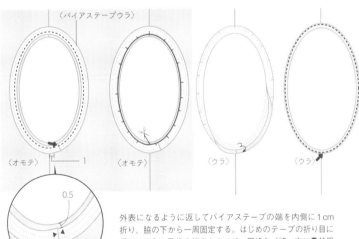

外表になるように返してバイアステープの端を内側に1cm折り、脇の下から一周固定する。はじめのテープの折り目に重なるように最後の端をかぶせて一周縫う（縫い方は⑦首周りと同じ）。反対側の肩周りにもバイアステープを付ける

⑪ 後ろ身頃にボタンを付ける

外表になるように返し、後ろ身頃のボタンループの位置に合わせてボタンを付ける

動画で CHECK！▶

チュールスカート

【おすすめの生地】
コットン（ブロード、ローン、ダブルガーゼ、シーチングなど）、リネンなど

【完成サイズ目安】
○80-90cm 　　丈 24cm
○90-100cm 　 丈 26cm
○100-110cm 　丈 30cm

【材料】 ※用尺はスカートとウエストベルト分
○80-90cm（用尺：W85 × H65cm）
　スカート　 W80 × H26cm（2枚）
　チュール　 W90 × H25 cm（4枚）
　ウエストベルト　W64 × H 8cm
○90-100cm（用尺：W85 × H70cm）
　スカート　 W82 × H28 cm（2枚）
　チュール　 W92 × H27 cm（4枚）
　ウエストベルト　W68 × H 8cm
○100-110cm（用尺：W90 × H75cm）
　スカート　 W84 × H32cm（2枚）
　チュール　 W94 × H31cm（4枚）
　ウエストベルト　W72 × H 8cm

ゴム（0.7-1cm幅）（2本）

【縫い方手順】
❶ スカートの脇を中表で縫う
❷ スカート裾を三つ折りで縫う
❸ スカートに粗ミシンをかける
❹ チュールの脇を縫う
❺ チュールに粗ミシンをかける
❻ ウエストベルトを作る
　（ゴム通し口をあけて縫う）
❼ スカートとチュールを合わせてギャザーを寄せる
❽ ウエストベルトとスカートを縫い合わせる
❾ ウエストベルトにゴムを2本通す

左から（90 / 100 / 110）

〈スカート〉　　　　　　　　　　　　　〈ウエストベルト〉

26 / 28 / 32

80 / 82 / 84

64 / 68 / 72

8

〈チュール〉

25 / 27 / 31

90 / 92 / 94

① スカートの脇を中表で縫う

② ↑↑ ①　　　　　　① ↑↑ ②

スカートを中表で重ね、両脇を縫い代1cmで縫う。
2枚まとめてジグザグミシンをかける

② スカート裾を三つ折りで縫う

裾を1cm＋1cmの三つ折りにしてアイロンをかける

上の折り目のきわを一周縫う

③ スカートに粗ミシンをかける

0.5
0.3

前スカートと後ろスカートそれぞれに、縫い代を避
けて上端から0.5cm下に粗ミシンをかける。さらに
そこから0.3cm下に粗ミシンをかける。この糸はあ
とで外すので、はじめと終わりの返し縫いはしない

④ チュールの脇を縫う

チュールを4枚（前2枚、後ろ2枚）重ね、両脇を
縫い代1cmで縫う

⑤ チュールに粗ミシンをかける

0.5
0.3

チュールを前後2枚ずつに分ける。それぞれに、縫
い代を避けて上端から0.5cm下に粗ミシンをかけ
る。さらにそこから0.3cm下に粗ミシンをかける。
この糸はあとで外すので、はじめと終わりの返し縫
いはしない

6 ウエストベルトを作る（ゴム通し口をあけて縫う）

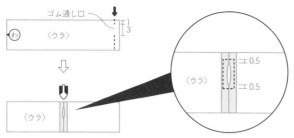

ウエストベルトを中表で縦半分に折り、上端から1cm下にゴム通し口3cmを残して縫い代1cmで縫い、縫い目を割ってアイロンをかける

ゴム通し口から上下0.5cmあけて囲むように押さえミシンをかける

上端を1cm折ってアイロンをかける

7 スカートとチュールを合わせてギャザーを寄せる

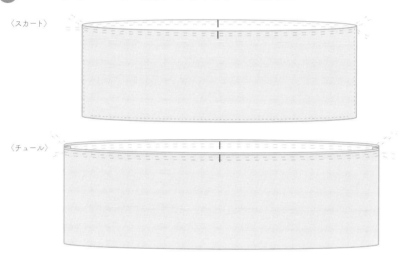

スカートとチュールをそれぞれ外表になるように返し、前後の中心に印を付ける

ウエストベルトは中表のまま、ゴム通し口の反対側と、前後の中心に印を付ける

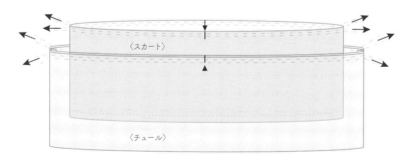

チュールの中にスカートを入れ込み、両脇と中心の印同士を合わせて固定する。粗ミシンの糸を両側から引きながら、スカートとチュールのギャザーを寄せていく

8 ウエストベルトとスカートを縫い合わせる

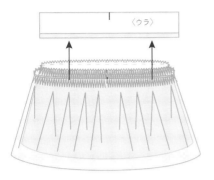
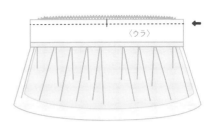

ウエストベルトと同じくらいの幅までギャザーを寄せたら、ベルトの中に中表でスカートとチュールを入れ込む

両脇と前の中心とウエストベルトの印、後ろの中心とゴム通し口を合わせ、ギャザーが均等になるように調整しながら一周固定する。上端から1cm下を一周縫う

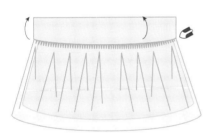
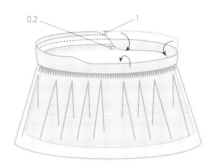

粗ミシンの糸を外し、ウエストベルトを持ち上げたら縫い目を割ってアイロンをかける。内側の縫い代は上に向ける

あらかじめ付けておいた1cmの折り目を折る。さらに切り替えの縫い目が隠れるように0.2cmかぶせて一周固定する

切り替えの縫い目の上に押さえミシンを一周かけ、さらに上端と下の縫い目の中心を一周縫う

9 ウエストベルトにゴムを2本通す

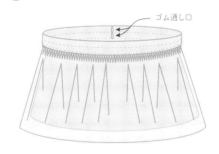

ゴム通し口

ゴム通し口から2本のゴムを通して始末する（p.39）

動画で CHECK !

かぼちゃパンツ

【おすすめの生地】
春夏：コットン（ダンガリー、シーチング、ダブルガーゼなど）、ハーフリネンなど
秋冬：薄手コーデュロイ、コットンウール、リネンウール、起毛コットンなど

【完成サイズ目安】※丈はウエストから裾端までの長さ
○80-90cm　　丈 30cm　股上 21.5cm
○90-100cm　　丈 32cm　股上 23cm
○100-110cm　丈 34cm　股上 24.5cm

【材料】
○80-90cm（用尺：W100 × H45cm）
　パンツ　W48 × H31cm（2枚）
　裾布　　W34 × H 8cm（2枚）
○90-100cm（用尺：W110 × H50cm）
　パンツ　W53 × H33cm（2枚）
　裾布　　W36 × H 8cm（2枚）
○100-110cm（用尺：W100 × H75cm）
　パンツ　W58 × H35cm（2枚）
　裾布　　W38 × H 8cm（2枚）

ゴム（1.5cm 幅まで）

〈パンツ〉

31/33/35
48/53/58

〈裾布〉

34/36/38
8

【裁ち方】
左から（90 / 100 / 110）

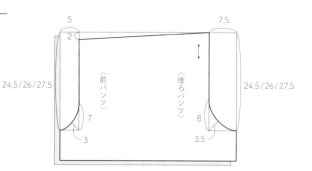

5　　　　　　　　　　　　　7.5
2
24.5/26/27.5　《前パンツ》　　《後ろパンツ》　24.5/26/27.5
7　　　　　　　　　8
3　　　　　　　　3.5

【縫い方手順】
❶ 股下を縫う
❷ パンツ裾に粗ミシンをかける
❸ 裾布を作る
❹ パンツ裾のギャザーを寄せる
❺ パンツ裾と裾布を合わせて縫う
❻ 股上を縫い合わせる
　（後ろ側にゴム通し口をあけて縫う）
❼ ウエストを三つ折りで縫う
❽ ウエストにゴムを通す

❶ 股下を縫う

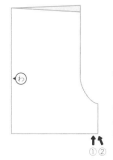

〈わ〉

①②

パンツを中表で重ねてサイズ通りにカットしたら2枚に分ける。中表になるように縦半分に折り、股下を縫い代1cmで縫う。縫い代は2枚まとめてジグザグミシンをかけ、後ろ側に倒す。もう片方も同じように作る

❷ パンツ裾に粗ミシンをかける

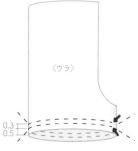

〈ウラ〉

0.3
0.5

股下の縫い代を避け、下から0.5cm上に粗ミシンをかける。さらにそこから0.3cm上に粗ミシンをかける。この糸はあとで外すので、初めと終わりの返し縫いはしない。もう片方も同じように作る

③ 裾布を作る

裾布を裏向きにし、1cm折ってアイロンをかける

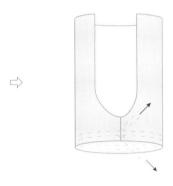

中表になるように縦半分に折り、折った裾を開いて固定する。縫い代1cmで縫い、縫い目を割ってアイロンをかける。裾の折り目を元に戻す。もう片方も同じように作る

④ パンツ裾のギャザーを寄せる

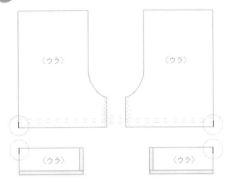

パンツの股下と裾布の縫い代が中心にくるようにして、外側に印を付ける

パンツを外表にして粗ミシンの上糸を2本引き、裾布と同じくらいの幅になるようにギャザーを寄せる

⑤ パンツ裾と裾布を合わせて縫う

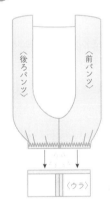

裾布の折り目を上にして、パンツを中表で入れ込む。パンツの縫い代は後ろ側（カーブが大きい方）に倒す。裾布とパンツの縫い目と、④で付けた反対側の印同士を合わせ、ギャザーが均等になるように調整しながら一周固定する

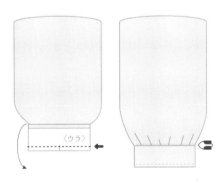

裾布の下端を縫い代1cmで一周縫い、粗ミシンの糸を外す。裾布を下に開き、縫い目を割ってアイロンをかける

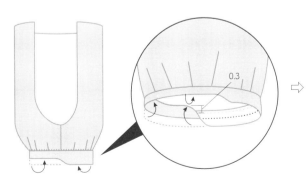

裾布を内側に折り込み、切り替えの縫い目が隠れるように0.3cmかぶせて固定する

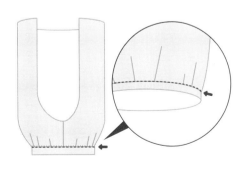

表側から一周落としミシンをかける。もう片方も同じように作る

⑥ 股上を縫い合わせる（後ろ側にゴム通し口をあけて縫う）

片方だけ外表になるように返したら、中表になるようにもう片方に入れ込む

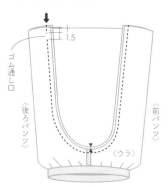

縫い代を後ろ側に倒し、中心を合わせてから固定する。後ろパンツ側の上端から1cm下にゴム通し口1.5cmを残して縫い代1cmで縫う

ゴム通し口から0.5cm下に切り込みを入れ、切り込みの下から2枚まとめてジグザグミシンをかける

⑦ ウエストを三つ折りで縫う

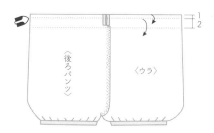

中表のままズボンの形に広げたら、ジグザグミシンをかけなかったゴム通し口を割り、1cm＋2cmの三つ折りにしてアイロンをかける

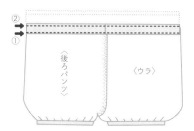

ウエストの下の折り目のきわを一周縫い、さらに上の折り目のきわを一周縫う

⑧ ウエストにゴムを通す

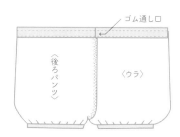

後ろ側のゴム通し口からゴムを通して始末する（p.39）

動画で
CHECK！

ノースリーブワンピース

【おすすめの生地】※ギャザーが寄る薄めの生地
春夏：ハーフリネン、コットン（シーチング、ダンガ
　　　リー、ダブルガーゼなど）
秋冬：薄手コーデュロイ、起毛コットンなど

【完成サイズ目安】※平置きで測定
○ 80-90cm　　　丈48cm　幅33cm
○ 90-100cm　　丈54cm　幅34cm
○ 100-110cm　　丈60cm　幅36cm

【材料】※バイアステープ分を除く
○ 80-90cm（用尺：W85 × H90cm）
　　前身頃　　　W35 × H21cm
　　後ろ身　　　W22.5 × H21cm（2枚）
　　スカート　　W76 × H32cm（2枚）
　　接着芯　　　W2 × H18cm（2枚）
○ 90-100cm（用尺：W90 × H100cm）
　　前身頃　　　W36 × H23cm
　　後ろ身頃　　W23 × H23cm（2枚）
　　スカート　　W80 × H36cm（2枚）
　　接着芯　　　W2 × H20cm（2枚）
○ 100-110cm（用尺：W90 × H110cm）
　　前身頃　　　W38 × H25cm
　　後ろ身頃　　W24 × H25cm（2枚）
　　スカート　　W84 × H40cm（2枚）
　　接着芯　　　W2 × H22cm（2枚）

ボタン（プラスナップ）　3組（全サイズ共通）

【裁ち方】
左から（90 / 100 / 110）

〈前身頃〉
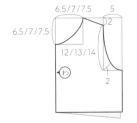

〈後ろ身頃〉
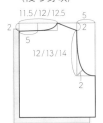

【縫い方手順】
❶ バイアステープを作る（p.38）
❷ 後ろ身頃の中心を三つ折りで縫う
❸ 肩を縫う
❹ 首周りにバイアステープを付ける
❺ 身頃の脇を縫う
❻ 肩周りにバイアステープを付ける
❼ 後ろ身頃の中心を2㎝重ねて端を仮縫いする
❽ スカート脇を縫う
❾ スカート裾を三つ折りで縫う
❿ スカートに粗ミシンをかける
⓫ スカートのギャザーを寄せて身頃と縫い合わせる
⓬ ウエストに表から押さえミシンをかける
⓭ ボタン（プラスナップ）を付ける

〈前身頃〉

〈後ろ身頃〉

〈スカート〉

① バイアステープを作る (p.38)

② 後ろ身頃の中心を三つ折りで縫う

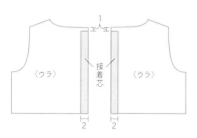

後ろ身頃の中心にそれぞれ上端から1cmあけて接着芯を貼る

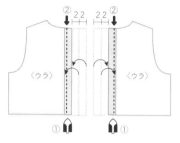

後ろ中心を2cm+2cmの三つ折りにしてアイロンをかける。内側の折り目のきわを縫う

③ 肩を縫う

前身頃と後ろ身頃を中表で合わせて両肩を縫い代1cmで縫い、2枚まとめてにジグザグミシンをかける。縫い代は後ろ側に倒す

④ 首周りにバイアステープを付ける

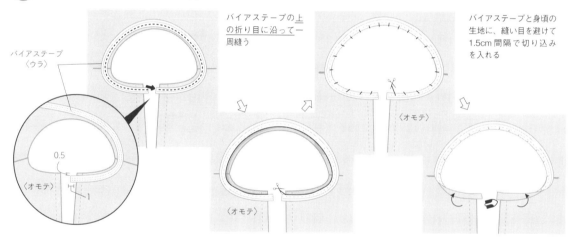

バイアステープの上の折り目に沿って一周縫う

バイアステープと身頃の生地に、縫い目を避けて1.5cm間隔で切り込みを入れる

外表になるように返し、後ろ身頃の端からバイアステープを付けていく。テープの端を1cm左に出し、テープの上から身頃の布が0.5cm出るように一周固定する（テープの最後も1cm出す）

バイアステープの上から0.5cm出ている身頃の生地を一周カットする

バイアステープを持ち上げ、身頃とテープの縫い目をアイロンで押さえる

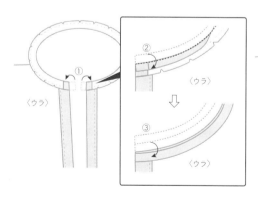

中表になるように返し、1cm出ているバイアステープの端を身頃の端に合わせて内側にたたむ。縫っていないバイアステープの折り目をたたみながら、表の生地が少し見えるように一周固定する

バイアステープの内側のきわを一周縫う

⑤ 身頃の脇を縫う

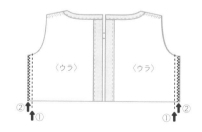

両脇を縫い代1cmで縫い、2枚まとめてジグザグミシンをかける。縫い代は後ろ側に倒す

⑥ 肩周りにバイアステープを付ける

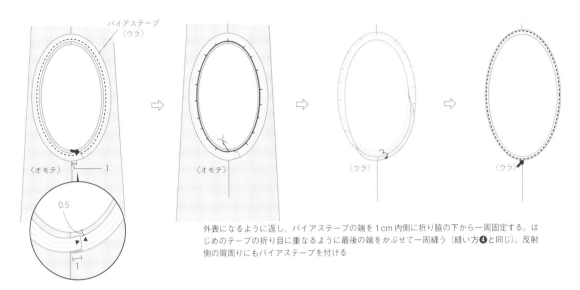

外表になるように返し、バイアステープの端を1cm内側に折り脇の下から一周固定する。はじめのテープの折り目に重なるように最後の端をかぶせて一周縫う（縫い方④と同じ）。反射側の肩周りにもバイアステープを付ける

⑦ 後ろ身頃の中心を2cm重ねて端を仮縫いする

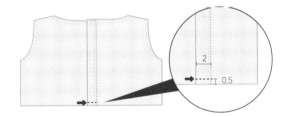

外表で後ろ身頃の中心を2cm重ね、下端から0.5cm上を縫う

⑧ スカート脇を縫う

前スカートと後ろスカートを中表で重ねて両脇を縫い代1cmで縫い、2枚まとめてジグザグミシンをかける。縫い代は後ろ側に倒す

⑨ スカート裾を三つ折りで縫う

裾を1cm＋1cmの三つ折りにしてアイロンをかけ、上の折り目のきわを縫う

⑩ スカートに粗ミシンをかける

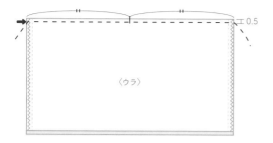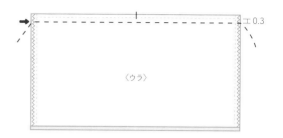

スカートの中心に印を付け（反対側も）、前スカートと後ろスカートそれぞれに、縫い代を避けて上端から0.5cm下に粗ミシンをかける。この糸はあとで外すので、はじめと終わりの返し縫いはしない

縫い目から0.3cm下に同じように粗ミシンをかける。この糸もあとで外すのではじめと終わりの返し縫いはしない

⑪ スカートのギャザーを寄せて身頃と縫い合わせる

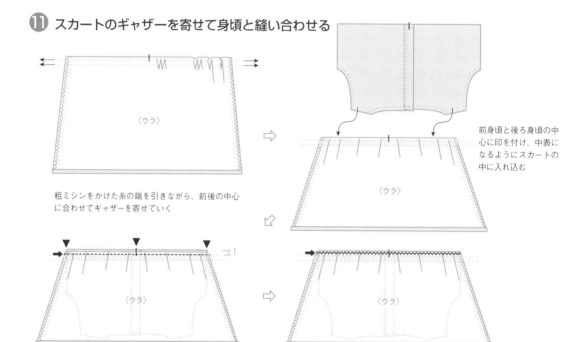

粗ミシンをかけた糸の端を引きながら、前後の中心に合わせてギャザーを寄せていく

前身頃と後ろ身頃の中心に印を付け、中表になるようにスカートの中に入れ込む

ギャザーが均等になるように調整しながら、スカートと身頃の中心と脇を固定する。ギャザーをアイロンで押さえてから、上端から1cm下を一周縫う。粗ミシンの糸を外す

2枚まとめてジグザグミシンをかけ、縫い代は身頃側に倒す

⑫ ウエストに表から押さえミシンをかける

⑬ ボタン（プラスナップ）を付ける

3か所にボタンを付ける

▶動画で
CHECK！

スモック

【おすすめの生地】
オックス、シーチングなど

【完成サイズ目安】
○80-90cm　丈38cm 幅46cm
○90-100cm　丈40cm 幅48cm
○100-110cm　丈43cm 幅50cm

【材料】※バイアステープ分を除く
○80-90cm（用尺：身頃 W100 × H45cm/
　袖 + ポケット W90 × H45cm）
　前身頃　　W48 × H40cm
　後ろ身頃　W48 × H42cm
　袖　　　　W35.5 × H40（2枚）
　ポケット　W12 × H14（2枚）
○90-100cm（用尺：身頃 W105 × H50cm/
　袖 + ポケット W95 × H50cm）
　前身頃　　W50 × H42cm
　後ろ身頃　W50 × H44cm
　袖　　　　W39 × H44（2枚）
　ポケット　W12.5 × H14.5（2枚）
○100-110cm（用尺：身頃 W110 × H50cm/
　袖 + ポケット W105 × H55cm）
　前身頃　　W52 × H45.5cm
　後ろ身頃　W52 × H47.5cm
　袖　　　　W43.5 × H48cm（2枚）
　ポケット　W13 × H15cm（2枚）

ゴム（幅0.7cm）

【裁ち方】
左から（90 / 100 / 110）

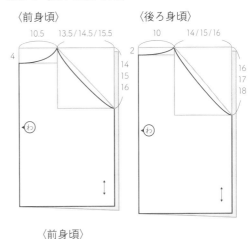

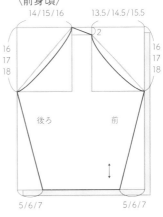

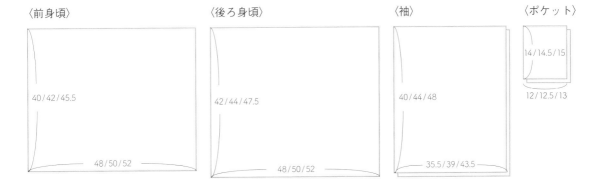

【縫い方手順】
❶ バイアステープを作る（p.38）
❷ ポケットを作る
❸ 前身頃にポケットを付ける
❹ 前身頃、後ろ身頃に袖を付ける
❺ 袖下から脇を続けて縫う（袖にゴム通し口をあけて縫う）
❻ 袖を三つ折りで縫う
❼ 首周りにバイアステープを付ける
❽ 裾を三つ折りで縫う
❾ 首周りと袖にゴムを通す

❶ バイアステープを作る（p.38）

❷ ポケットを作る

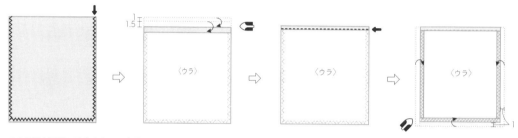

ポケットの両脇と下端にジグザグミシンをかける（ほつれない生地の場合は割愛）

裏向きにし、ポケット口を1cm＋1.5cmの三つ折りにしてアイロンをかける

ポケット口の下の折り目のきわを縫う

両脇と下端を1cmずつ折りアイロンをかける。もう片方も同じように作る

❸ 前身頃にポケットを付ける

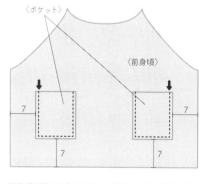

前身頃の脇から左右に7cm、下端から7cm測り、ポケットを固定する。ポケット口以外のきわを縫う

❹ 前身頃、後ろ身頃に袖を付ける

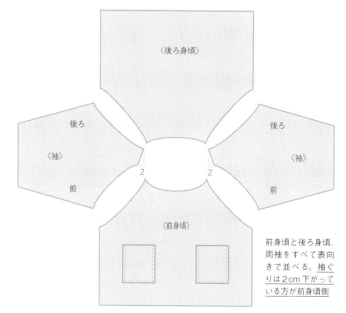

前身頃と後ろ身頃、両袖をすべて表向きで並べる。<u>袖ぐりは2cm下がっている方が前身頃側</u>

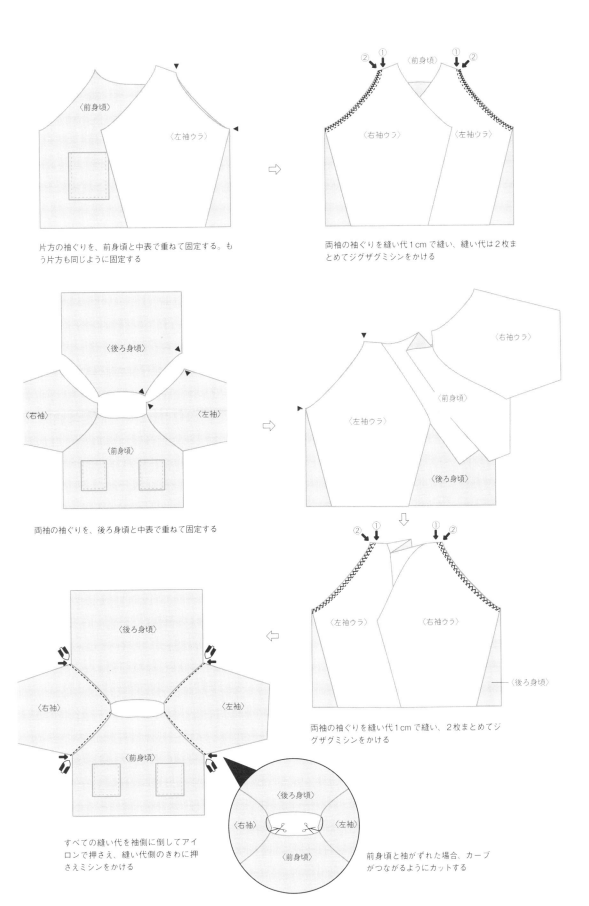

片方の袖ぐりを、前身頃と中表で重ねて固定する。もう片方も同じように固定する

両袖の袖ぐりを縫い代1cmで縫い、縫い代は2枚まとめてジグザグミシンをかける

両袖の袖ぐりを、後ろ身頃と中表で重ねて固定する

両袖の袖ぐりを縫い代1cmで縫い、2枚まとめてジグザグミシンをかける

すべての縫い代を袖側に倒してアイロンで押さえ、縫い代側のきわに押さえミシンをかける

前身頃と袖がずれた場合、カーブがつながるようにカットする

⑤ 袖下から脇を続けて縫う（袖にゴム通し口をあけて縫う）

前身頃と後ろ身頃と袖を中表で重ね、袖下から脇を
合わせて固定する。両袖の入り口から1cm内側に
ゴム通し口1.5cmを残し、袖下から脇を縫い代1
cmで続けて縫う

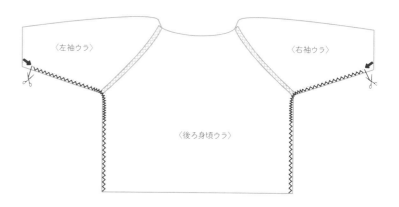

両袖のゴム通し口から0.5cm内側に切り込みを入
れ、切り込みの内側から2枚まとめてジグザグミシ
ンをかける

⑥ 袖を三つ折りで縫う

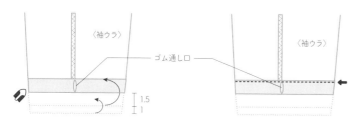

ジグザグミシンをかけなかった袖のゴム通し
口を割り、1cm＋1.5cmの三つ折りにして
アイロンをかける

袖の内側の折り目のきわを縫う。もう片方も
同じように作る

⑦ 首周りにバイアステープを付ける

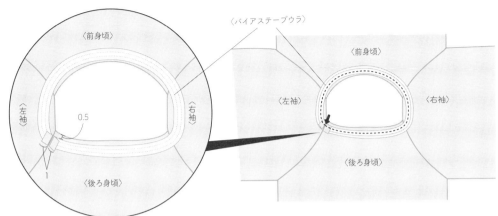

外表になるように返し、後ろ身頃の端からバイアステープを付けて
いく。テープの端を1cm内側に折り、テープの上から身頃の生地
が0.5cm出るように一周固定する（最後の端も1cm長めにカット
し内側に折る）。テープの上の折り目に沿って一周縫う

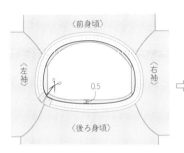

バイアステープの上から0.5cm出ている
身頃の生地を一周カットする

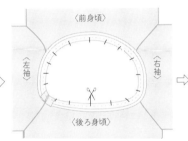

バイアステープと身頃の生地に、縫い目
を避けて1.5cm間隔で切り込みを入れる

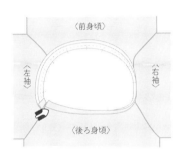

バイアステープを持ち上げ、身頃とテー
プの縫い目をアイロンで押さえる

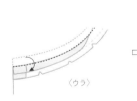

中表になるように返し、テープを縫い目に沿ってたたみながら、表の
生地が少し見えるように一周固定する

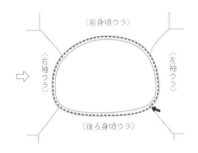

バイアステープの内側のきわを一周縫う

⑧ 裾を三つ折りで縫う

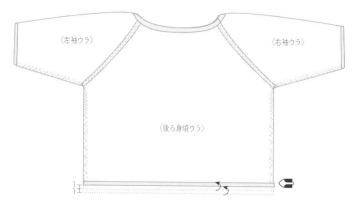

中表になるように返し、両脇の縫い代を後ろ側に倒す。
裾を1cm＋1cmの三つ折りにしてアイロンをかける

上の折り目のきわを縫う

⑨ 首周りと袖にゴムを通す

首周りのバイアステープと袖のゴム通し口からゴム
を通して始末する（p.39）

動画で
CHECK！

親子おそろいエプロン ※大人用の作り方共通

【おすすめの生地】
オックス、ツイル、綿ポリなど

【完成サイズ目安】※大人は丈85cm
○80-90cm　　丈 37cm
○90-100cm　 丈 42cm
○100-110cm　丈 48cm

【材料】※バイアステープ分を除く
　　　　※用尺は子ども・大人共にエプロンと見返し分
○80-90cm（用尺：W50 × H50cm）
　エプロン　　W48 × H40cm
　肩紐　　　　W55 × H 7cm
　腰紐　　　　W35 × 7cm
　見返し　　　W23 × H 6cm
　ポケット　　W22 × H15cm
　ゴム（2cm幅）腰紐用20cm、肩紐用32cm
○90-100cm（用尺：W55 × H55cm）
　エプロン　　W50 × H45cm
　肩紐　　　　W60 × H 7cm
　腰紐　　　　W35 × 7cm
　見返し　　　W25 × H 6cm
　ポケット　　W23 × H16cm
　ゴム（2cm幅）腰紐用20cm、肩紐用34cm
○100-110cm（用尺：W60 × H60cm）
　エプロン　　W52 × H51cm
　肩紐　　　　W65 × H7cm
　腰紐　　　　W35 × H7cm
　見返し　　　W27 × H6cm
　ポケット　　W24 × H17cm
　ゴム（2cm幅）腰紐用20cm、肩紐用36cm

○大人（用尺：W105 × H100cm）
　エプロン　　W100 × H88cm
　肩紐　　　　W80 × H7cm
　腰紐　　　　W35 × H7cm
　見返し　　　W30 × H6cm
　ポケット　　W34 × H22cm
　ゴム（2cm幅）腰紐用20cm、肩紐用52cm

【裁ち方】
左から（90 / 100 / 110）

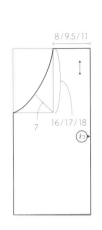
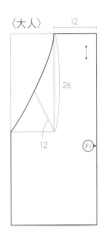

〈大人〉

【縫い方手順】
❶ バイアステープを作る（p.38）
❷ 肩紐、腰紐を作る
❸ エプロン本体に肩紐、見返しを付けて縫う
❹ エプロンの端にバイアステープを付ける
❺ ポケットを作る
❻ エプロンの脇を三つ折りで縫う
　（腰紐をはさんで縫う）
❼ エプロンの裾を三つ折りで縫う

〈前身頃〉
40/45/51
48/50/52

〈腰紐〉
7　35

〈見返し〉
6　23/25/27

〈ポケット〉
15/16/17
22/23/24

〈肩紐〉

7　55/60/65

① バイアステープを作る (p.38)

② 肩紐、腰紐を作る

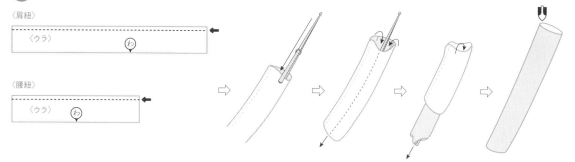

〈肩紐〉

〈ウラ〉　　　　　　　　（わ）

〈腰紐〉

〈ウラ〉　　（わ）

肩紐と腰紐を中表で横半分に折り、（わ）の反対側
を縫い代1cmで縫う

肩紐と腰紐を、紐通しを使って外表にしたら、縫い目を割ってアイロンをかける

〈肩紐〉

← 2cm幅のゴム　⇒　0.5　0.5

〈腰紐〉

← 2cm幅のゴム　⇒　0.5　0.5

肩紐と腰紐に2cm幅のゴムを通す（端はクリップなどで固定する）

ゴムが動かないように両端を縫い代0.5cmで縫う

③ エプロン本体に肩紐、見返しを付けて縫う

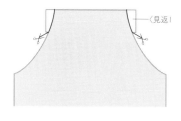

〈見返し〉

見返しの上にエプロンを重ねて、カーブに
沿って見返しの左右をカットする

⇩

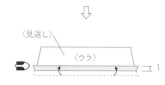

〈見返し〉

〈ウラ〉　　エ1

見返しの下端を1cm折り返してアイロンで
押さえる

2　　2　0.5

エプロンの左右から2cm内側に肩紐の外
側を合わせてクリップなどで固定し、縫
い代0.5cmで縫う

〈見返し〉

〈ウラ〉

②　　①　　②

さらに見返しを中表で重ねて固定し、縫
い代1cmで縫う。縫い目を避けて左右の
角をカットする

④ エプロンの端にバイアステープを付ける

表向きにし、テープの上からエプロンの生地が0.5cm出るように、脇から見返しまで固定する。脇からはみ出たテープをカットする

バイアステープの外側の折り目に沿って縫う

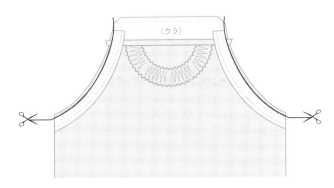

バイアステープの上から0.5cmはみ出た生地をカットする

見返しを外表になるように返す

裏向きにし、バイアステープの折り目をたたみながら、表の生地が少し見えるように返して固定する。テープの端は見返しの中に入れ込む

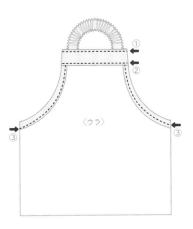

見返しの上下のきわに押さえミシンをかけたら、バイアステープの内側のきわを縫う

⑤ ポケットを作る

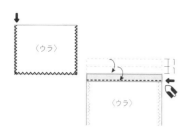

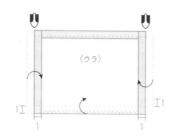

ポケットの左右と底辺にジグザグミシンをかけたら、ポケット口を1cm＋1cmの三つ折りにしてアイロンをかける。下の折り目のきわを縫う

左右と底辺を1cm折ってアイロンをかける

ポケットをエプロンの好きな位置に固定し、ポケット口以外のきわを縫う

⑥ エプロンの脇を三つ折りで縫う（腰紐をはさんで縫う）

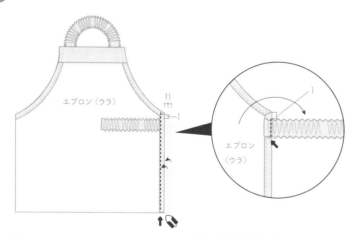

脇を1cm＋1cmの三つ折りにしてアイロンをかけたら、バイアステープの1cm下に腰紐の片側をはさんで内側の折り目のきわを縫う

縫った腰紐を外側に開いてさらに外側のきわを縫う。反対側の脇も同じように三つ折りにして腰紐をはさんで縫う

⑦ エプロンの裾を三つ折りで縫う

裾を1cm＋1cmの三つ折りにしてアイロンをかけ、上の折り目のきわを縫う

子ども用　大人用

◀ 動画で CHECK!

クロスヘアバンド

【おすすめの生地】
コットン、リネン、ハーフリネンなど

【完成サイズ目安】
頭周り 48-57cm

【材料】
ヘアバンド本体　42 × 15cm（2枚）
ゴム用生地　　　24 × 7.5cm
ゴム（2cm幅）12cm（2本）

【縫い方手順】
❶ ヘアバンドを袋状に縫う
❷ ヘアバンド本体の生地を半分に折りクロスさせる
❸ ゴム用生地を縫う
❹ ヘアバンド本体とゴム紐を縫う

〈ヘアバンド本体〉

42
15

〈ゴム用生地〉

24
7.5

❶ ヘアバンドを袋状に縫う

〈ヘアバンド本体〉

〈ウラ〉（わ）

ヘアバンド本体の生地を中表で横半分に折り、わの反対側を縫い代1cmで縫う

〈ウラ〉

縫い目を割ってアイロンをかけ、外表になるように返す。もう片方も同じように作る

❷ ヘアバンド本体の生地を半分に折りクロスさせる

〈ヘアバンド本体〉

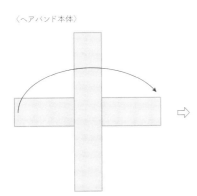

下側を横向き、上側を縦向きに重ねてクロスさせる。左端を右端に合わせて折る

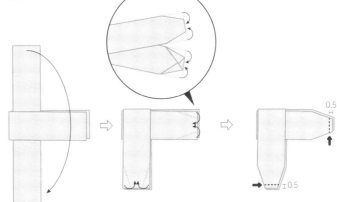

0.5

0.5

上端を下端に合わせて折る。端の角を内側に折り込み、2本まとめてクリップなどで固定する

端を縫い代0.5cmで縫う

③ ゴム用生地を縫う

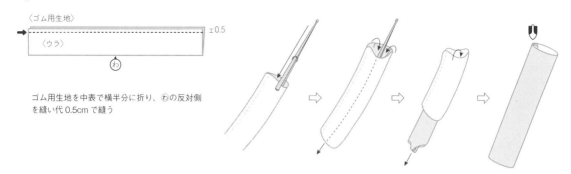

ゴム用生地を中表で横半分に折り、⑩の反対側を縫い代 0.5cm で縫う

紐通しを使って外表になるように返したら、縫い目を割ってアイロンをかける

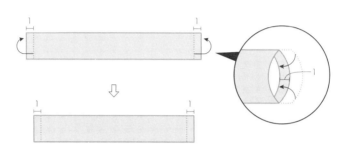

両端を 1cm 内側に折り込む

④ ヘアバンド本体とゴム紐を縫う

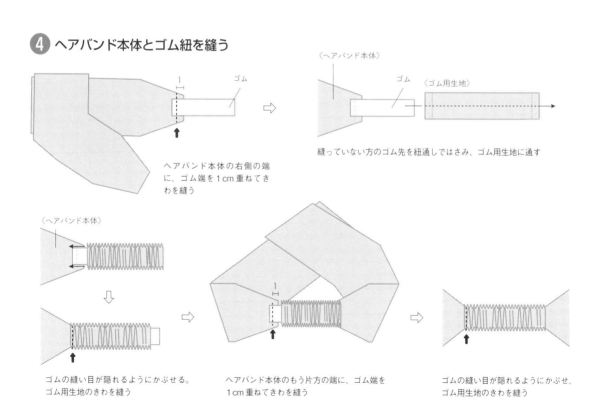

ヘアバンド本体の右側の端に、ゴム端を 1cm 重ねてきわを縫う

縫っていない方のゴム先を紐通しではさみ、ゴム用生地に通す

ゴムの縫い目が隠れるようにかぶせる。ゴム用生地のきわを縫う

ヘアバンド本体のもう片方の端に、ゴム端を 1cm 重ねてきわを縫う

ゴムの縫い目が隠れるようにかぶせ、ゴム用生地のきわを縫う

動画で CHECK！

ふわふわリボン

【おすすめの生地】
コットンのはぎれ（薄めの生地）

【完成サイズ目安】
横6cm　縦4cm

【材料】
リボン本体　　W 8 × H 6 cm（2枚）
結び目　　　　W2.5 × 7 cm
綿

〈リボン本体〉　　　　〈結び目〉

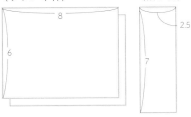

【縫い方手順】
❶ リボン本体を中表で縫い合わせる（返し口をあけて縫う）
❷ 返し口から裏返して中に綿を入れる
❸ リボン本体の中心を糸で縛る
❹ リボン中心に付ける結び目を3等分に折る
❺ リボン本体の中心に結び目を縫う

❶ リボン本体を中表で縫い合わせる
（返し口をあけて縫う）

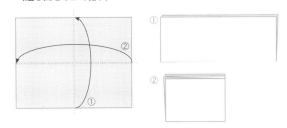

✂ リボン本体の生地1枚を、中表で縦横半分に折る

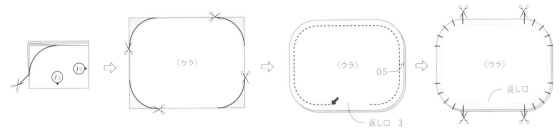

わの反対側の角にカーブを描いてカットする

カットした生地を広げ、もう1枚と中表で重ねる。カーブに沿ってもう1枚をカットする

下端に返し口3cm残し、きわを縫い代0.5cmで縫う。縫い目を避けてカーブに切り込みを入れる

❷ 返し口から裏返して中に綿を入れる

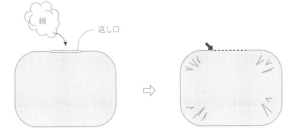

返し口から外表になるように返し、綿を詰める。返し口を手縫いでまつる

115

③ リボン本体の中心を糸で縛る

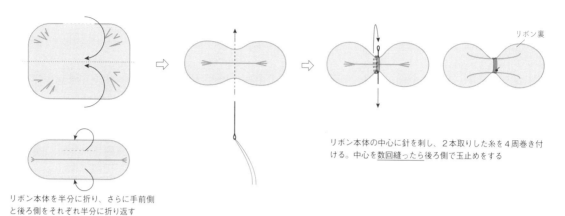

リボン本体を半分に折り、さらに手前側
と後ろ側をそれぞれ半分に折り返す

リボン本体の中心に針を刺し、2本取りした糸を4周巻き付
ける。中心を<u>数回縫ったら</u>後ろ側で玉止めをする

④ リボン中心に付ける結び目を3等分に折る

〈ウラ〉

結び目用の生地を裏向きにして、3等分に折る

⑤ リボン本体の中心に結び目を縫う

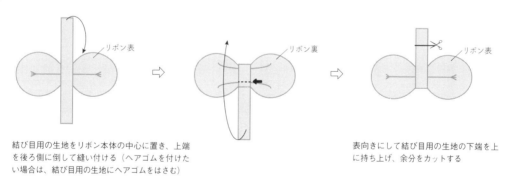

リボン表

結び目用の生地をリボン本体の中心に置き、上端
を後ろ側に倒して縫い付ける（ヘアゴムを付けた
い場合は、結び目用の生地にヘアゴムをはさむ）

リボン裏

リボン表

表向きにして結び目用の生地の下端を上
に持ち上げ、余分をカットする

リボン表

端を内側に折り込む

リボン裏

リボン本体と結び目用の端をリボン裏側でまつる

動画で
CHECK！

ひらひらシュシュ

【おすすめの生地】
コットンのはぎれ（薄めの生地）

【材料】
シュシュ本体 W55 × H 7 cm（2枚）
端布　　　　W55 × H3.5cm（2枚）
ヘアゴム　　20-22㎝

【縫い方手順】
❶ シュシュ本体の生地と端布を中表で縫い、輪にする
❷ 端布を外表で半分に折る
❸ シュシュ本体の1枚に端布を仮縫いする
❹ シュシュ本体の生地を中表で重ね、片側だけ縫い合わせる
❺ シュシュ本体を筒状に縫う（返し口をあけて縫う）
❻ 返し口から裏返し、返し口をまつってとじる
❼ ゴム通し口の上下2か所を縫い、ゴムを通す

〈シュシュ本体〉

7　　　55

〈端布〉

3.5　　　55

❶ シュシュ本体の生地と端布を中表で縫い、輪にする

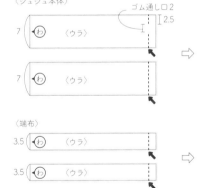

4枚の生地すべてを中表で縦半分に折り、シュシュ本体1枚を除いて⦿の反対側を縫い代1cmで縫う。本体の1枚には、上端から2.5cm下にゴム通し口2cmを残して縫い代1cmで縫う

すべての縫い目を割ってアイロンをかける

❷ 端布を外表で半分に折る

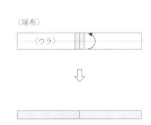

端布を外表で横半分に一周折る。もう片方も同じように作る

③ シュシュ本体の1枚に端布を仮縫いする

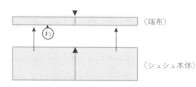

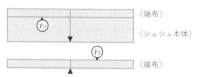

シュシュ本体（ゴム通し口がない方）を外表になるように返し、端布の⑦が下側にくるように、端布の中に入れ込む。シュシュ本体と端布の縫い目同士を合わせ、一周固定する

もう片方の端布にも、⑦が上側にくるようにシュシュ本体の布を入れ込み、一周固定する

上下の端を縫い代0.7cmで一周縫う

④ シュシュ本体の生地を中表で重ね、片側だけ縫い合わせる

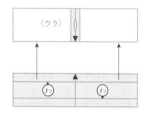

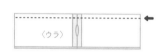

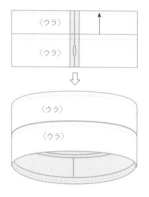

ゴム通し口があるシュシュ本体に、もう片方を中表で入れ込む

縫い目同士を合わせて上端だけ一周固定し、縫い代1cmで一周縫う

ゴム通し口がない方の生地を外に引き出し、縫い代は上側に倒す。ゴム通し口が下になるように生地を向ける

⑤ シュシュ本体を筒状に縫う（返し口をあけて縫う）

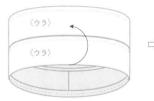

上側の生地の上下を3等分に折る

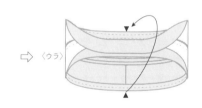

3等分にした上側の生地を下側の生地で包み込むようにし、下端の縫い目と上端の縫い目を合わせて固定する

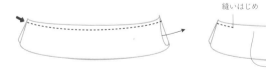

3等分にした内側の生地を避けながら縫い代1cmで縫う。筒の端から内側の生地を引き出しながら一周縫い、縫いはじめの手前で返し口5cmをあける

⑥ 返し口から裏返し、返し口をまつってとじる

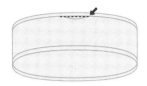
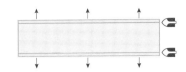

返し口から表に返す。シュシュ本体の
返し口の生地を内側に折り、端布の縫
い目が隠れるように手縫いでまつる

端布を外側に引きながら形を整え、縫
い目をアイロンで押さえる

⑦ ゴム通し口の上下2か所を縫い、ゴムを通す

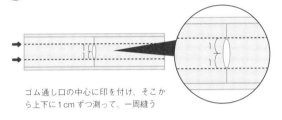
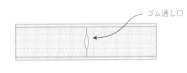

ゴム通し口

ゴム通し口の中心に印を付け、そこか
ら上下に1cmずつ測って、一周縫う

ゴムを通して結んで始末する

動画で
CHECK！▶

119

型紙なしで初めてでも簡単！

かわいい手づくり子ども服

2021 年 6 月 28 日　初版第 1 刷発行

著　者　Baby&Kids Handmade
発行者　滝口直樹
発行所　株式会社マイナビ出版
　　　　〒 101-0003
　　　　東京都千代田区一ツ橋 2-6-3 一ツ橋ビル 2F
　　　　TEL：0480-38-6872（注文専用ダイヤル）
　　　　TEL：03-3556-2731（販売部）
　　　　TEL：03-3556-2735（編集部）
　　　　MAIL：pc-books@mynavi.jp
　　　　URL：https://book.mynavi.jp
印刷・製本　シナノ印刷株式会社

＜著者プロフィール＞

Baby&Kids Handmade

2 児の母。自身の妊娠をきっかけに、赤ちゃんや子ども
のアイテムの制作を開始。その作り方を紹介する動画を
YouTube で発信している。シンプルでかわいいデザイン
と、裁縫初心者でもわかりやすい解説が人気を集めている。

・URL　　　　https://baby-kids-handmade.com/
・YouTube　* Baby&Kids * Handmade
・Instagram　@babykids__handmade
・型紙販売　https://baby-kids-handmade.stores.jp/

STAFF

撮　影　Studio thREe+
　　　　横浜店　https://www.studio3.co.jp/
ヘア＆メイク　立石雄太郎（EIZO GINZA）
モデル　こあ（女の子 3 歳）
　　　　身長 98cm ／ 100cm サイズ
　　　　ひょうのすけ（男の子 5 歳）
　　　　身長 105cm ／ 110cm サイズ
デザイン／トレース
　　　　安部孝（ユニット）
文／編集　猪股真紀（ユニット）
編　集　石原佐希子（マイナビ出版）

撮影協力

アクセサリー　CYACYAN
　　　　https://cyacyan.thebase.in
材料　　ユザワヤ
　　　　https://www.yuzawaya.co.jp/

＜注意事項＞